# 行基菩薩

高僧傳

東瀛文殊

編撰——金偉

【編撰者簡介】

## 金偉

日本大谷大學大學院佛教文化博士，現任職於成都大學外國語學院。主要研究領域為日本古典文學、佛教文學、西藏學、藝術史學。

主要專著有：《今昔物語集研究》。主要譯著有：《日本古代歌謠集》、《今昔物語集》、《萬葉集》、佐藤長《古代西藏史研究》與《中世西藏史研究》、下店靜市《中國繪畫史研究》、島田修二郎《中國繪畫史研究》、大村西崖《文人畫的復興》等。

主要學術成果：論證至少影響了三十六部日本古典著作的《三寶感應要略錄》是平安時代在日本編撰的偽託經；解決了《今昔物語集》的欠卷、僧靈驗故事起始、孝子故事構成、《冥報記》位置等問題；利用商代金文文獻，結合言靈信仰及祥瑞思想背景，闡釋日本歷代碩學極為關注的《萬葉集》書名名義。

【「高僧傳」系列編輯序】

# 令眾生生歡喜者，則令一切如來歡喜

「為佛教，為眾生」六個字，乃是印順法師於臺北市龍江街慧日講堂（後因大門遷移，地址遷至朱崙街）為證嚴法師授予三皈依、並賜法名時的殷殷叮囑：「既然出家了，你要時時刻刻為佛教、為眾生。」

依證嚴法師解釋：「為佛教」是內修清淨行，「為眾生」則要挑起如來家業，走入人群救度眾生。因此法師稟承師訓，一心一志「為佛教還原教義，為眾生點亮心燈」，而開展慈濟眾生的志業。

# 歷代高僧之「為佛教、為眾生」

證嚴法師開創「靜思法脈，慈濟宗門」，並將其與「為佛教，為眾生」合釋：「靜思法脈」乃「為佛教」，是智慧；「慈濟宗門」即「為眾生」，是大愛。

進而言之，「靜思法脈，慈濟宗門」即菩薩道所強調的「悲智雙運」：「靜思法脈」是「智」，「慈濟宗門」是「悲」；傳承法脈、弘揚宗門就要「悲智雙運」，積極在人間發揮慈、悲、喜、捨四無量心。此亦即慈濟人開展四大志業、八大法印時的根本心要。

由其強調「悲智雙運」可知，「靜思法脈，慈濟宗門」並非標新立異，而是傳承佛陀教法以及漢傳佛教歷代高僧的教誨——包括身教與言教，並要求身心皆徹底踐履。為了讓世人明瞭慈濟宗門之初心與悲願，也讓這些歷代高僧的事蹟與精神更廣為人知，大愛電視臺秉持證嚴法師的信念，於二〇〇三年起陸續製作《鑑真大和尚》與《印順導師傳》動畫電影，將佛教史上高僧大德的動人故事，經由動畫電影的形式，傳遞到全世界。

因為電影的成功，大愛電視臺進一步籌畫更詳盡的電視版〈高僧傳〉——採取臺灣民眾雅俗共賞的歌仔戲形式。〈高僧傳〉的每一部劇本都是經過數個月的資料研讀與整理，縝密思考後才下筆，句句考證、字字斟酌。製作團隊感受到每一位大師皆以身作則、行菩薩道的特質，希望將每位高僧的大願與大行傳遍世界。

然而，不論是動畫或戲劇，恐難完整呈現《高僧傳》中所載之生命歷程，以及諸位高僧與祖師之思想以及對後世之貢獻。因此，慈濟人文志業中心便就〈高僧傳〉歌仔戲所演繹過的高僧，以《高僧傳》及《續高僧傳》之原著為基礎，含括了日、韓等國之佛教史上的知名高僧，編撰「高僧傳」系列叢書。我們不採取坊間已有之小說體形式，而是嚴謹地參照人物評傳的現代寫法，參酌相關之史著及評論，對其事蹟有所探討與省思，並將其社會背景、思想及影響皆納入，雜揉編撰，內容包括高僧的生平、傳承及主要思想或重要經典簡介。從中，我們不僅可以讀到歷代高僧的智慧與悲心，亦可一覽相關的佛教史地、典籍與思想。

在編輯過程中，我們可以看到歷代高僧之「為佛教，為眾生」：鳩摩羅什飽受戰亂、顛沛流離，仍戮力譯經，得令後人傳誦不絕，乃是為利益眾生；玄奘歷萬里之險取得梵本佛經、致力翻譯，其苦心孤詣，是為利益眾生；鑑真六次渡海欲至東瀛傳戒，眼盲亦不悔，是為利益眾生；六祖惠能隱居十五載以避害身之禍，只為弘揚如來心法，並言「佛法在世間，不離世間覺；離世求菩提，猶如覓兔角」，亦是為利益眾生……

這些高僧祖師大可獨善其身、如法修行以得解脫，為何要為法忘身、受諸逆境而不退？究其根本，他們不只是為了參究佛法，而是深知弘揚大乘佛法的目的乃在於大慈大悲地度化眾生、讓眾生能得安樂；若不能讓眾生同霑法益，求法何用？如《大智度論．卷二七》所云：

一切諸佛法中，慈悲為大；若無大慈大悲，便早入涅槃。

由此可知，就大乘精神而言，「為佛教」即應「為眾生」，實為一體之兩面。

## 「大悲」為「諸佛之祖母」

除了歷代高僧之示現，「為眾生」之菩薩道的實踐，於經教中更是多不勝數、歷歷可證。例如，《無量義經．德行品第一》便說明了菩薩作為眾生之大導師、大船師、大醫王之無量大悲：

無量大悲救苦眾生，是諸眾生真善知識，是諸眾生大良福田，是諸眾生不請之師，是諸眾生安隱樂處、救處、護處、大依止處。處處為眾作大導師，能為生盲而作眼目，聾劓啞者作耳鼻舌；諸根毀缺能令具足，顛狂荒亂作大正念。船師、大船師運載群生渡生死河，置涅槃岸；醫王、大醫王，分別病相曉了藥性，隨病授藥令眾樂服；調御、大調御，無諸放逸行，猶如象馬師，能調無不調；師子勇猛，威伏眾獸，難可沮壞。

如來於《法華經．觀世音菩薩普門品》中宣說，觀世音菩薩更以三十三種應化身度化眾生：

佛告無盡意菩薩：善男子，若有國土眾生，應以佛身得度者，觀世音菩薩即現佛身而為說法；應以辟支佛身得度者，即現辟支佛身而為說法；應以聲聞身得度者，即現聲聞身而為說法；應以梵王身得度者，即現梵王身而為說法；應以帝釋身得度者，即現帝釋身而為說法……應以天龍、夜叉、乾闥婆、阿修羅、迦樓羅、緊那羅、摩侯羅伽、人非人等身得度者，即皆現之而為說法；應以執金剛神得度者，即現執金剛神而為說法。無盡意，是觀世音菩薩成就如是功德，以種種形遊諸國土，度脫眾生，是故汝等應當一心供養觀世音菩薩。是觀世音菩薩摩訶薩，於怖畏急難之中能施無畏，是故此娑婆世界皆號之為施無畏者。

為何觀世音菩薩要聞聲救苦？因為菩薩總是「人傷我痛、人苦我悲」，恆以「利他」為念。如《大丈夫論》所云：

菩薩見他苦時，即是菩薩極苦；見他樂時，即是菩薩大樂。以是故，菩薩恆為利他。

正是因為這般順隨眾生、「以種種形」而令其無畏的無量悲心，讓觀世音菩薩受到漢傳佛教乃至於華人民間信仰的共同崇敬。慈濟人之所以超越貧富、超越國界、超越宗教地去關懷與膚慰需要幫助的生命，便是效法觀世音菩薩無量悲心、無量應化的精神。

在《法華經．普賢菩薩勸發品》中發願、將於佛滅後守護及教導受持《法華經》之眾生的普賢菩薩，於《華嚴經．普賢行願品》中則教導善財童子如何供養諸佛，亦揭示了如來、菩薩、眾生的關係：

於諸病苦，為作良醫；於失道者，示其正路；於闇夜中，為作光明；於貧窮者，令得伏藏。菩薩如是平等饒益一切眾生。何以故？菩薩若能隨順眾生，則為隨順供養諸佛；若於眾生，尊重承事，則為尊重承事如來；若令眾生生歡喜者，則令一切如來歡喜。何以故？諸佛如來，以大悲心而為體故。因於眾生，而起大悲；因於大悲，生菩提心；因菩提心，成等正覺。……若諸菩薩，以大悲水饒益眾生，則能成就阿耨多羅三藐三菩提故。是故菩提，屬於眾生；若無眾生，一切菩薩終不能成無上正覺。善男子，汝於此義，應如是解。以於眾生心平等故，則能成就圓滿大悲；以大悲心隨眾生故，則能成就供養如來。

大悲心方能得般若智慧，亦方能成佛：《大智度論．卷二〇》亦云，佛陀強調，大悲心乃是諸佛菩薩之根本，具

大悲，是一切諸佛、菩薩功德之根本，是般若波羅蜜之母，諸佛之祖母。菩薩以大悲心，故得般若波羅蜜；得般若波羅蜜，故得作佛。

「菩薩若能隨順眾生，則為隨順供養諸佛；若於眾生，尊重承事，則為尊重承事如來；若令眾生生歡喜者，則令一切如來歡喜。」閱及此段，不禁令人深深體會證嚴法師之智慧與悲心：慈濟宗門四大、八印之聞聲救苦、無量應化

地「為眾生」，也是同時「為佛教」地供養諸佛、令一切如來歡喜啊！

歷代高僧雖未如慈濟宗門般推動慈善、醫療、乃至於環保、國際賑災等志業，乃因其時空因素，欲度化眾生先以弘揚大乘經教與法義為重；現今經教已備，所須的乃是效法菩薩道之力行實踐！慈濟宗門便是上承歷代高僧與經論之教法，推動四大、八印，行菩薩道饒益眾生，以此供養如來。

換言之，歷代高僧之風範、智慧及悲願，為佛教，也為眾生，此即諸佛菩薩之本懷，亦為慈濟宗門之本懷！這便是《高僧傳》系列叢書所欲彰顯者。

遙企歷代高僧儼然身影，我們可以肯定：為眾生，便是為佛教；為佛教，一定要為眾生！

【推薦序】

# 難得的中文「行基菩薩」傳記

——胡建明（日本駒澤大學教授）

行基（西元六六八至七四九年）是日本奈良時代的僧人。在奈良時代，僧侶由國家機關和朝廷認定，並禁止向普通民眾傳教。行基打破禁令，以近畿為中心，不問平民與豪族，向民眾宣揚佛法，受到信者的崇敬。

行基率領信者修建寺院，建設水利及交通設施，為貧困者設立布施屋。行基的傳教活動受到來自朝廷的打壓，但是受到民眾的有力支持。在這個背景下，聖武天皇授予行基大僧正之日本最高僧職，乃是日本首位大僧正。

此外，聖武天皇還任命行基負責奈良東大寺的建設。行基與創建奈良東大寺做出貢獻的良弁、聖武天皇、菩提僊那（南印度僧人）一同被譽為東大寺的四聖。

作為奈良時代的高僧，行基留下了輝煌的成就。遺憾的是，行基沒有像其他高僧大德那樣留下著述，因此很難明確把握其思想；另一方面，與行基相關的歷史文獻也極為有限，對把握行基的生平軌跡帶來了很大的難度。例如，行基為什麼中斷了持續了十餘年的山林修行，來到民眾間傳教，並全身心投入開發水利、交通等公益事業？其思想基礎是什麼？這些問題，在這部難得的中文行基傳記裡，都有令人信服的答案。

金偉博士長期從事日本上古文學以及日本佛教說話文學研究，翻譯出版了《日本古代歌謠集》、《萬葉集》、《今昔物語集》等日本古典名著，在佛教說話文學研究領域也取得了令學界矚目的成果。二〇一九年，我受慈濟人文志業中心出版部委託，詢問金偉博士能否撰寫行基傳記，金偉博士欣然允諾。如今如期付梓，感謝金偉博士付出的心力。

是為序。

二〇二一年二月六日　於日本長野縣上田玲瓏山房

【編撰者序】

# 奈良時代利益百姓的大菩薩

二〇一九年七月某日，旅日學者法音法師（胡建明教授）來電吩咐末學撰寫行基傳記；向法師詢問了具體撰寫要求後，欣然受命。

同年八月，筆者赴奈良縣立大學參加暑期文化交流；其間，在奈良縣立大學圖書館和母校大谷大學圖書館查閱行基研究文獻，並委託日本友人松岡道子女史和石橋博人先生通過網路購買相關書籍。在此，向上述諸位友人深表謝意。

一九八九年初夏，筆者第一次到奈良市觀光時，便被近鐵奈良站前的行基像所打動。雕像佇立在噴水池中央圓錐形的基座上，面朝東大寺，表情既有悲憫，也有對真理的篤信。一九六九年，當時的奈良市長鍵田忠三郎先生提議，在這處堪稱奈良市玄關的位置，樹立日本雕刻家中西重久先生創作的行基像，紀念這位「奈良的大恩人——行基菩薩」，並委託赤膚燒窯主大塩正人先生燒制噴水池及基座的陶板。翌年，行基菩薩像噴泉廣場竣工，成為奈良市的著名地標。

筆者在日本留學期間，先後在兵庫縣的西宮市、京都市的伏見區居住，經常可以看到與行基相關的寺院和設施，例如京都市的法禪院、神戶市的有馬溫泉、伊丹市的昆陽池等等。

每年的十月初，位於日本大阪府岸和田市的久米田寺，都會舉行盛大的行基參拜大會。大會這一天，整個岸和田市區都沉浸在節日的氣氛中，人群簇擁著精美的花車，車上年輕的男子們載歌載舞，音樂和號子聲此起彼伏。由十餘臺花車組成的遊行隊伍經過市區的巡禮之後，朝著久米田寺的方向行進。

據史料記載，行基於天平十年（七三八年）建成該寺，是行基建成的四十九座寺院中的一座。從久米田寺步行不到十分鐘的路程，便可以看到寬闊的久米田池；雖稱作「池」，但水面遼闊，堪比湖域。神龜二年（七二五年），行基依聖武天皇敕令，率眾築池蓄水，耗時十三年才建成，為百姓的生產和生活帶來了巨大的利益。今天，後人們仍在以這般盛大的祭奠儀式，來感謝這位佛陀教義踐行者的恩德。

進入二十一世紀，筆者陸續翻譯出版了《日本古代歌謠集》、《今昔物語集》、《萬葉集》等日本古典名著，對日本的上古歷史與文化有了一些粗淺的瞭解。《今昔物語集》收錄了五則行基的故事，通過追溯這幾則故事的來源，越發覺得行基研究在日本歷史以及日本古典文學研究中的重要性。

行基作為奈良時代的高僧，並沒有佛教方面的著述，僅有七首和歌傳世。日本正史關於行基的具體記載，僅見於《續日本紀》中的「養老元年四月三日」條、「天平三年八月七日」條、「天平十五年十月十九日」條、以及「天平勝寶元年二月二日」條。可依據的史料也寥寥無幾，僅有行基弟子真成於天平二十一年（七四九年）撰寫的〈大僧正舍利瓶記〉、治部少輔泉高父宿禰於安元元年（一一七五年）撰寫的《行基年譜》等為數不多的文獻。

基於上述原因，撰寫行基的生平需要參考大量的相關文獻。筆者能力有限，本書難免有不足之處，萬望讀者海涵。合十。

二〇二一年一月，於成都

## 目錄

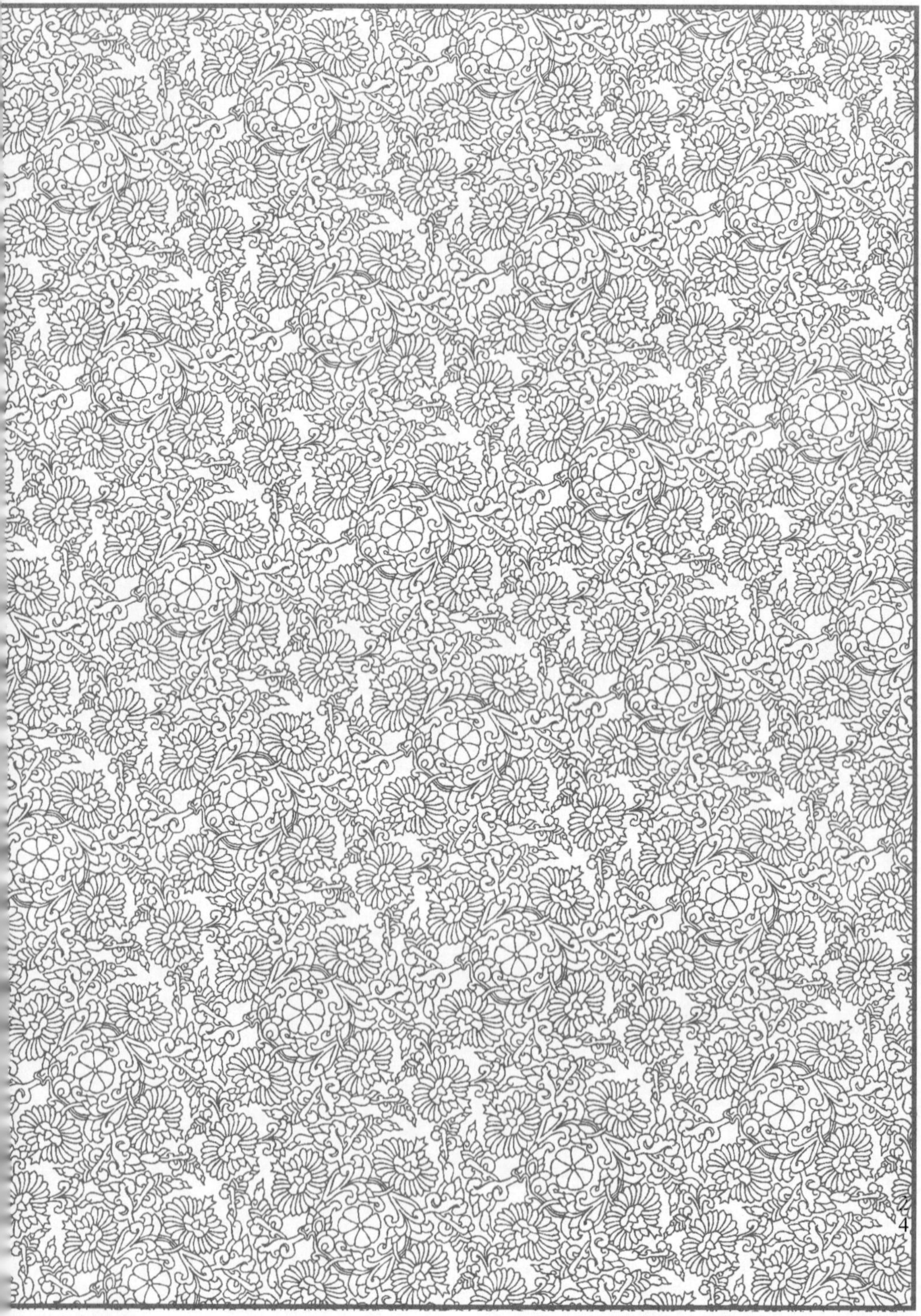

# 示現

# 緣起　行基及其時代

篤敬三寶。三寶者，佛法僧也。則四生之終歸，萬國之極宗。何世何人，非貴是法。人鮮尤惡，能教從之；其不歸三寶，何以直枉。

行基（西元六六八年至七四九年）是奈良時代的日本僧人，前後歷經了天智、天武、持統、文武、元明、元正和聖武等幾位天皇的治世。他的家族是百濟王仁系渡來人（外來移民，又稱歸化人）氏族的後代；據日本史書《古事記》（七一二年）和《日本書紀》（七二〇年）記載，先祖王仁在應神天皇時代，將漢字和儒教經典傳到日本，對日本文化的發展做出了巨大貢獻。在這種家庭背景下長大的行基，受過良好的教育。

天武十一年（六八二年），十五歲的行基出家，先後隨高宮寺德光禪師和藥師寺道昭和尚修習佛法；特別是道昭和尚，對行基的影響甚大。他隨道昭棲身山林十餘年，巡遊列國，從事修路、架橋、鑿井等惠民事業；行基認為，日本佛教應該回到最根本之「普度眾生」的道路上。他繼承了尊師的衣鉢，在民間廣泛地傳播佛法；並以身踐行佛陀的教義，體恤民間疾苦，義無反顧地為改善民眾的生活境況而操勞。

但是，行基和他的追隨者們，為當時的統治者所不容，長期遭受政府的壓制；其根本原因，在於行基所處的特定時代。

行基出生於天智天皇七年（六六八年）；當時，新興的大和政權積極地引入先進的大陸文化。自推古朝（五九二年至六二八年）時的聖德太子開始，逐步建立起以大王和王族為中心的國家政體，以儒家及法家思想治國，同時接受佛教的傳播。同樣從推古朝開始，日本先後四次向當時的隋朝派出遣隋使；中國文化和佛教經典的傳入，深刻影響了日本統治階層的治國理念和世界觀。

皇極天皇四年（六四六年），中大兄皇子（後來的天智天皇）發動了「乙巳之變」（註一），孝德天皇上位，次年宣布「改新之詔」，並在後來的數年間陸續實行了一系列的政治改革，史稱「大化革新」。「大化革新」以唐律令為範本，制訂了新的官職、土地制和稅制，為後來大寶律令的制定，和日本古代國家政治體制的確立奠定了基礎。

行基十五歲進官寺出家時，正值天武天皇（六七三年至六八六年）時代。天武朝雖然只有十四年，卻是日本古代史上皇權專制達到頂點的時期；律令制的建設更加完備，同時也重視國家文化的建設。後來編纂成書的《古事記》和《日本書紀》，都是天武天皇在位時的主張；其核心目的在於，通過所謂國家正史的編纂和帝記與舊辭的記錄，來宣揚「皇權神授」的思想。在這種思想意識形態下，天武朝十分重視對古來神統的祭祀，並極力將各地方氏族的祭神置於以天皇家祖神天照大神（一般被視為太陽女神）為中心的系統中。

對於佛教的態度，則是在使佛教從屬於國家的前提下對其加以保護。當時所有的寺院和僧尼，都被置於國家的統御之下，目的是守護天皇制國家的現世利益。這種做法在日本古代社會中持續了相當長的時間，並通過《僧尼令》這樣的法令，來嚴禁私自建寺、民間布教和乞食等行為。

慶雲元年（七〇四年），三十七歲的行基，毅然離開了官寺，回到了他在大鳥郡的家中，將那裡改造成家原寺，開始了他之後長達數十年之久的弘法事業。他和追隨者們，以近畿（近鄰都城的地區，主要指今關西地區）為中心，修建了四十九座寺院和道場，像久米田池那樣的蓄水池十五處，溝渠九條、橋六座、布施屋九所，受到包括豪族（地方上有勢力的大族）在內的民間各方之敬仰和支持。但是，行基集團長期受到國家統治者的打壓和處罰，直到聖武朝時才有所緩和。

總而言之，在民間，對「行基菩薩」的恩德和功績的讚揚，遠遠超過官家正史以及日本佛教教派對他的評價。要想真正理解行基的追求，以及行基與其集團的行動，就必須深入瞭解他所處的那個時代；畢竟，作為社會環境中的個體，始終受制於社會的政治和經濟狀況。

## 佛教傳入之前的信仰

佛教傳入日本之前，日本繩文時代（西元前一二〇〇〇年至前三〇〇年）的信仰，可以經由屈葬的喪葬形式窺見一斑。屈葬的產生，是基於對亡靈的恐懼，防止死者靈魂脫離屍體的喪葬方式。接下來的彌生文化時代（西元前三〇〇年至三〇〇年），伴隨著農耕生活的開始，在繼承了對死亡的恐怖而產生之「魔」的觀念以及亡靈信仰的基礎上，又產生了農耕社會共通的農耕禮儀和穀靈信仰。

在古墳時代（三〇〇年至六〇〇年），隨著農耕生活的發展，在逐步實現統一國家的古墳時代後期，亡靈觀念也發生了變化；從墓葬中的武器、馬具、食具等陪葬品中，可以看出來世信仰的端倪。

此外，在這個時期的祭祀遺址中，可以看到祭祀薩滿（Shamanism，泛指巫術信仰）神靈及其神靈降臨的信仰形態。神靈降臨的觀念，原本沒有設想出神靈常住的神殿，後來才出現了供奉神靈的神社，產生了祭祀神靈以獲得恩賜的觀念，併發展出氏族神靈信仰。

初期的氏族神靈信仰，祭祀的神靈並非局限於氏族的祖先神，不如說是祭祀與農耕社會關係密切的太陽神、雷神等自然神靈，來祈禱氏族繁榮昌盛。亡靈也劃分為惡靈和善靈，讓亡靈變成善靈庇蔭子孫。隨著亡靈觀念的變化，出現了祭祀有血緣關係的祖先神的觀念，由此產生了氏族神信仰。氏族通過祭祀氏族神靈來促進團結，並期待氏族神靈的庇佑。

氏族神信仰誕生於古墳時代的後期，即五至六世紀。當時氏族林立，抗爭激烈，氏族神靈信仰應運而生，產生促進氏族團結、保持氏族相對獨立的作用。隨著日本列島逐步統一，開始朝向集權國家體制發展，封閉式的氏族神靈信仰難以發揮作用。因此，在六世紀上半葉，由百濟傳來的佛教，登上了日本歷史的舞臺。

## 佛教的公傳

六世紀時，朝鮮半島主要由高句麗、新羅、百濟三國割據。百濟的第二十六代王聖明王（？年至五五四年），為了與大和國通好，作為外交策略的一環，向大和朝廷獻佛像、佛具和經論等，這是日本佛教公傳的肇始。因為是透過國家外交管道傳入，因而稱為「公傳」；在「公傳」之前，佛教已經通過民間管道傳入日本，則稱為「私傳」。

關於佛教公傳的年代，根據七二〇年編撰的日本最早正史《日本書紀》記載：

（欽明天皇十三年壬申（五五二年））冬十月，百濟聖明王，遣西部姬氏達率怒唎斯致契等，獻釋迦佛金銅像一軀、幡蓋若干、經論若干卷。別表，贊流通、禮拜功德云，是法於諸法中，最為殊勝，難解難入，周公、孔子，尚不能知。此法能生無量無邊福德果報，乃至成辦無上菩提。譬如人懷隨意寶，逐所須用，盡依情，此妙法寶亦復然。祈願依情，無所乏。且夫遠自天竺，爰洎三韓，依教奉持，無不尊敬。由是百濟王臣明謹遣陪臣怒唎斯致契，奉傳帝國，流通畿內。果佛所記，我法東流。是日，天皇聞已，歡喜踴躍。詔使者云，朕從昔來，未曾得聞如是微妙之法。

這是佛教「壬申傳來說」的重要文獻。另外，根據七四七年編撰的聖德太子相關史料集成《上宮聖德法王帝說》和《元興寺伽藍緣起並流記資財帳》記載，還有「戊午（五三八年）傳來說」。

## 佛教的受容

佛教是作為百濟對大和政權外交策略的一環傳入日本的；如何接納由百濟傳入的佛教，是大和朝廷面臨的問題。欽明天皇（五〇九年至五七一年）向群臣徵詢是否可以禮拜佛像時，大連物部尾輿（生卒年不詳）擔心引起國神的忿怒，強調尊重固有的神祇信仰，主張排佛。與其相對，大臣蘇我稻目（五〇六年至五七〇年）力陳，崇佛已經是國際潮流，因此主張崇佛。

一派是保守的物部氏族，主張以自古以來的氏族神靈信仰，來加強氏族團結；另一派是與歸化人勢力關係密切的蘇我氏族，主張接納佛教。不僅如此，排佛與崇佛之爭，還表現在這兩大氏族圍繞內政和外交方面的爭權奪利上。用明天皇（？年至五八七年）駕崩後，兩大氏族圍繞皇位繼承的權力之爭更為白熱化。

蘇我稻目之子蘇我馬子（五五一年至六二六年），擊敗了物部守屋（？年至五八七年），掌握實權，擁立崇峻天皇（？年至五九二年）。後來，崇峻天皇與蘇我馬子發生衝突，蘇我馬子命令東漢直駒暗殺崇峻天皇。崇峻天皇崩後，日本首位女帝推古天皇（五五四年至六二八年）即位，由聖德太子（五七四年至六二二年）攝政，確立了崇佛派的勢力。

佛教公傳到日本以後，蘇我氏族始終堅持崇佛的立場；但是，比起對佛教教理的理解，更多是將佛教作為有靈驗的祭禮，用來祈禱祛病長壽。

這期間，歸化人也響應蘇我氏族的崇佛運動。據日本平安時代後期私人編撰的史書《扶桑略記》（一〇九四年之後）記載，五二二年，漢人鞍部司馬達等（生卒年不詳），建草堂禮拜佛像。

此外，於《日本書紀》中也有記載，司馬達等的女兒出家為尼，她的兩位弟子也是歸化人的女兒，為了修行佛法前往百濟。司馬達等的兒子多須奈也出家為僧，在新歸化人居住較多的大和國高市郡修建寺院。此時，出家為僧的幾乎都是歸化人。

多須奈的兒子是止利佛師，擅長雕刻佛像，在六二四年設置僧官之際，被任命為僧都。鞍部氏祖孫三代信仰佛教，修建寺院、雕刻佛像，日本最早的出家僧尼也是來自這個家族。

在蘇我氏族的感召下，歸化人中僧侶輩出，並跟隨遣隋使前往中國，積極學習大陸的佛教文化，為佛教扎根日本列島打下了基礎。

## 聖德太子的生平

聖德太子的生平，在《古事記》、《日本書紀》中有記載，現存的傳記史料還有《上宮聖德法王帝說》、《上宮聖德太子傳補闕記》、《聖德太子傳曆》、《上宮太子御記》等，加上散逸的《上宮記》、《上宮皇太子菩薩傳》、《曆錄》、《其代記》等，數目不少，顯示出日本人自古以來對聖德太子的熱愛與崇敬。但是，上述文獻中的記載，內容並非完全一致。

聖德太子出生於敏達三年（五七四年），是用明天皇和穴穗部間人皇后（？年至六二二年）的兒子。關於其出生年代，還有欽明三十二年（五七一年）說（《愚管抄》）、敏達元年（五七二年）說（《聖德太子傳曆》）、敏達二年（五七三年）說（《日本書紀》）等不同說法。但是，根據法隆寺金堂的〈釋迦如來像光背銘〉以及中宮寺的〈天壽國繡帳銘〉來推算的話，《上宮聖德法王帝說》記載的敏達三年說應是正確的。

用明天皇二年（五八七年），主張排佛的物部守屋夥同中臣勝海，與主張崇佛的蘇我馬子發生衝突。此時，聖德太子十四歲，奉炊屋姬（敏達皇后、推古天皇）之命，與泊瀨部、竹田、難波、春日諸皇子，一同加入蘇我馬子的軍隊，誅殺了物部守屋。推古天皇即位後，二十歲的聖德太子成為攝政，開創皇太子攝政的先河。

聖德太子師從高麗僧惠慈、百濟僧惠揔、觀勒學習佛教，師從覺哿博士學習儒學，廣泛汲取外國文化。推古十四年（六〇六年），奉勅請講《勝鬘經》，又在岡本宮講《法華經》。聖德太子學識淵博，不斷推進政教革新，並撰寫了《三經義疏》（六〇九年至六一五年），即《勝鬘經義疏》一卷、《維摩經義疏》三卷、《法華義疏》四卷的總稱。推古三十年（六二二年）正月，聖德太子染病，同年二月二十二日入寂。

## 十七條憲法

推古十二年（六〇四年），聖德太子親自起草制定了〈憲法十七條〉。雖說是「憲法」，但不同於現代社會所說的憲法，主要是對擔任官職的豪族們，在政治、道德上的訓誡，沒有懲罰條項。〈憲法十七條〉是在法律意識啟蒙時期制定的，是日本最早的成文法。《日本書紀》第二十二卷記載〈憲法十七條〉如下：

夏四月丙寅朔戊辰，皇太子親肇作憲法十七條。

一曰、以和為貴，無忤為宗。人皆有黨，亦少達者；以是，或不順君父，乍違於隣里。然上和下睦，諧於論事，則事理自通，何事不成。

二曰、篤敬三寶。三寶者，佛法僧也。則四生之終歸，萬國之極宗。何世何人，非貴是法。人鮮尤惡。能教徙之；其不歸三寶，何以直枉。

三曰、承詔必謹。君則天之，臣則地之；天覆臣載，四時順行，萬氣得通。地欲天覆，則至懷耳。是以，君言臣承，上行下靡。故承詔必慎，不謹自敗。

四曰、群卿百僚，以禮為本；其治民之本，要在禮乎。上不禮，而下非齊；下無禮，以必有罪。是以，群臣禮有，位次不亂；百姓有禮，國家自治。

五曰、絕饗棄欲，明辨訴訟。其百姓之訟，一百千事；一日尚爾，況乎累歲。頃治訟者，得利為常，見賄廳讞，便有財之訟，如石投水；乏者之訴，似水投石。是以貧民，則不知所由，臣道亦於焉闕。

六曰、懲惡勸善，古之良典。是以無匿人善，見惡必匡。其諂詐者，則為覆國家之利器，為絕人民之鋒刃。亦佞媚者，對上則好說下過，逢下則誹謗上失。其如此人，皆無忠於君，無仁於民，是大亂之本也。

七曰、人各有任，掌宜不濫。其賢哲任官，頌音則起；奸者有官，禍亂則繁。世少生知，剋念作聖。事無大少，得人必治；時無急緩，遇賢自寬。因此國家永久，社稷勿危。故古聖王，為官以求人，為人不求官。

八曰、群卿百僚，早朝晏退；公事靡監，終日難盡。是以，遲朝不逮於急，早退必事不盡。

九曰、信是義本，每事有信，其善惡成敗，要在於信。群臣共信，何事不成；群臣無信，萬事悉敗。

十曰、絕忿棄瞋，不怒人違。人皆有心，心各有執；彼是則我非，我是則彼非。我必非聖，彼必非愚；共是凡夫耳，是非之理，詎能可定；相共賢愚，如鐶無端。是以，彼人雖瞋，還恐我失；我獨雖得，從眾同舉。

十一曰、明察功過，賞罰必當。日者賞不在功，罰不在罪。執事群卿，宜明賞罰。

十二曰、國司國造，勿收斂百姓。國非二君，民無兩主；率土兆民，以王為主。所任官司，皆是王臣；何敢與公，賦斂百姓。

十三曰、諸任官者，同知職掌。或病或使，有闕於事；然得知之日，和如曾識。其以非與聞，勿防公務。

十四曰、群臣百僚，無有嫉妬。我既嫉人，人亦嫉我；嫉妬之患，不知其極。所以，智勝於己則不悅，才優於己則嫉妬。是以，五百之乃今遇賢，千載以難待一聖。其不得賢聖，何以治國。

十五曰、背私向公，是臣之道矣。凡人有私必有恨。有憾必非同，非同則以私妨公。憾起則違制害法。故初章云，上下和諧，其亦是情歟。

十六曰、使民以時，古之良典。故冬月有閒，以可使民；從春至秋，農桑之節，不可使民。其不農何食，不桑何服。

十七曰、夫事不可獨斷，必與眾宜論。少事是輕，不可必眾；唯逮論大事，若疑有失。故與眾相辨，辭則得理。

〈憲法十七條〉由以和為貴、信奉佛教、服從天皇開始，規定了當政者施行公平政治的具體方法，其中有明顯的儒教和佛教的思想印記；十一條中的「明察功過，賞罰必當」，也體現出法家的思想。值得注意的是，〈憲法十七條〉中，沒有提及儒教大力提倡的孝道思想。

從根本來說，〈憲法十七條〉蘊涵強烈的國家意識，顯示出聖德太子積極完善中央集權國家的意圖。

## 律令制的成立

在天皇制國家的基礎穩固之後，尤其是大化革新實行的一系列政治改革，政府仿照中國唐朝的律令制度，從中央到地方，建立起一套完整的律令制官僚統治機構，世襲氏姓貴族制度被廢除，高度中央集權的奴隸主王權統治，即古代天皇制得以確立。

「律」是刑法，「令」是通過國家機構進行統治的必要基本法典。日本的律令是以中國唐高宗時期的《永徽律令》為範本，於持統三年（六八九年）施行了《淨御原令》，於大寶二年（七〇二年）施行了《大寶律令》。也有學者認為，天智十年（六七一年）的《近江令》中實施了一部分，但是沒有完成作為系統法典的令。養老二年（七一八年）制定了《養老律令》，但是沒有實施。到了天平寶字元年（七五七年），由藤原仲麻呂實施了《養老律令》。

《淨御原令》已經失傳，而《大寶律令》可以通過《令解集》及《續日本紀》

等，還原其條文；《養老律令》通過《令義解》及《令解集》，幾乎可以瞭解全文。律令制的完成，經歷了半個多世紀。《大寶律令》的制定以及實施，將大化革新的成果在制度上確立下來。

自「乙巳之變」後，歷時數年的大化革新，給日本社會帶來了一場自上而下的政治與社會變革，影響了當時日本社會的各個階層，改變了舊有的生產關係，同時卻也引發了許多社會問題。因為，這種大規模的、自上而下的改革，首先要做到的是建立新的國家政治制度，從根本上滿足統治者的願望；但是，與此同時，律令制下各種新政的實施，卻不可能一步到位。

從大化二年（六四六年）孝德天皇《改新之詔》的具體內容來看，第一條是「公地公民制」，即原本由王族和豪族支配的土地和人民，全部歸國家（天皇）所有和支配。第二條「國郡制度」規定，將全國劃分為六十多個國，每國之中再分郡，編定地方行政組織，由中央朝廷派遣國司，實行統一管理。第三條是「班田收授法」；首先，全國每六年一次整理編成戶籍，在此基礎上，將公地分配給六歲以上的人，身亡後土地歸還國家。第四條，「租庸調稅制」，即獲得土地的「公民」要向國家貢納穀物（租），服勞役或納布匹代役（庸），以及貢納地方特產（調）。

近年來，部分日本史學家認為，在租庸調制以外，還有一種納稅形式被忽視了，那就是雜徭，此項規定農民一年需離家外出服役六十天。租庸調和雜徭，對農民來說是極大的負擔。

班田制的推行，雖然使公地公民制代替了原來的私地私民制，在一定程度上調動了人民的積極性；但為了應付各種徭役，卻使人民難以顧及耕作自己的口分田，離開村莊外出服役，又令家庭入不敷出，生活陷於窮困。為了餬口度日，只能將口分田抵押出去換些稻米，很多人由此最終失去土地，流離失所。

為了解決這一棘手的問題，長屋王主政時期的律令政府，在養老六年（七二二年），先是提出在官府的組織下，以服徭役的形式，實行開墾百萬町步良田的計畫，但最後以失敗告終。無奈之下，政府再次於翌年發佈了「三世一身土地法」，規定在口分田以外，可以開墾新的土地，並可由包括本人在內的三代人支配使用。然而，開闢新的土地，需要相當的勞動力和財力；對貧困的農民來說，完全沒有機會，反而使貴族、寺院和地方豪族佔有了更多土地。

就這樣，喪失土地走投無路的農民及各路陷於困境的百姓，為了生存和尋求希望，聚集到了行基身邊，形成了令當時的朝廷擔憂的民間宗教勢力。

【註釋】

註一：乙巳之變：是中大兄皇子和中臣鎌足於西元六四五年（大化元年）在板蓋宮於皇極天皇朝前暗殺了蘇我入鹿，致使蘇我氏（蘇我本宗家）滅亡，皇極天皇退位、孝德天皇即位的日本飛鳥時代之政變。因六四五年為干支紀年的乙巳年，故稱為乙巳之變。

# 第一章　行基的家系

和上法諱法行一號行基，藥師寺沙門也，俗姓高志氏，厥考諱才智，字知法君志長子也，本出於百濟王子王爾（仁）之後焉。

行基（六六八年至七四九年）是奈良時代的日本僧人，因為弘揚佛法而受人們崇敬，並由此形成了以行基為中心的信眾集團。

在朝廷規定禁止直接向民眾傳播佛教的年代，行基以日本近畿地區（今日本關西，包括京都與大阪）為中心，打破禁令，向民眾及豪族階層弘揚佛教。行基帶領信眾，建立了四十九座道場及僧院，修建十五座池塘，挖掘溝渠九條，架橋九座，為貧困者建造九所布施屋，在各地建立諸種社會福祉設施。

行基的布教及各種社會活動，多次遭受來自朝廷的禁止和彈壓；然而，由於得到民眾的堅決支持，總是能夠集結力量、擺脫逆境。

最終，行基作為首位日本最高僧職的大僧正，被聖武天皇任命為鑄造奈良東大寺盧舍那大佛的實際負責人。行基與創建奈良東大寺大佛做出貢獻的良弁（東大寺開山祖師．華嚴宗僧侶）、聖武天皇、菩提僊那（南印度僧人）一同被譽為東大寺的「四聖」。

## 行基的父系家族

西元六六八年，行基出生於河內國（約相當於今大阪市東部）的大鳥郡；這一年，天智天皇在近江的大津宮即位。行基的父親是高志才智，高志氏據說是歸化日本之百濟儒學家王仁的子孫。行基的母親是蜂田古爾比賣，他誕生在母親的娘家。七〇四年，行基將其出生地改造為家原寺，這座寺院至今仍然保留於日本大阪府的堺市。

當時的大鳥郡屬於河內國；靈龜二年（七一六年），與和泉郡、日根郡一同脫離河內國，成為和泉監──「監」是行政區劃的特殊稱呼。這一年，元正天皇在和泉郡建造和泉離宮。和泉監於天平十二年（七四〇年）被廢除，大鳥郡等三郡再次歸屬河內國。天平寶字元年（七五七年），再次獨立出來歸屬於和泉國（約為今大阪府大和川以南），國府位於上泉郡。大鳥郡的所屬關係大致如此。

《日本書紀》中，沒有出現行基父系家族高志氏的人名；而《續日本紀》中，關於高志氏有如下記載：「和銅元年（七〇八年）三月十三日」條中，有從五位下官員高志連村君被任命為越前守；「養老七年（七二三年）正月十日」條中，有高志連惠我麻呂被授予從五位下的官位；「天平寶字八年（七六四年）十月七日」條中，有和田的高志毘登若子麻呂被授予外從五位下的官位；「天平神護二年（七六六年）十二月四日」條中，有若子麻呂一族五十三人的姓改為「連」；「天平神護二年（七六六年）四月三十日」條中，有大和的高志毘登久美咩等十七人被諸陵寮以無實的罪名剝除陵戶之籍。

高志氏在國史中的記載並不多，官位元最高的村君是越前守從五位下，應該是中等階層的歸化氏族。

上述高志氏的毘登久美咩等是大和地區的人，行基出生在河內的大鳥郡，若子麻呂一族五十三人是和泉地區的人。日語中，「高志」和「高師」的發音相同；與高志姓氏相關的地名有河內大鳥郡的高師，即現在泉北郡高石町的高師浜（濱）。

《萬葉集》（註一）中，有關於高師浜的短歌，文武天皇三年（六九九年），持統太上皇行幸難波宮時，置使東人作歌一首：

大伴高師海濱
頭枕松根而眠
不禁想起故鄉

（《萬葉集》卷第一，六六）

《續日本紀》的「文武三年正月二十七日」條中，有「幸難波宮」的記載；

參照這條記載，持統太上皇是和文武天皇一同行幸的。

《古今和歌集》中也出現過「高師」的地名。歌人紀貫之在和泉國任職時，回贈藤原忠房短歌一首：

浪高的高師海濱
如岸邊聞名的松樹
我一直在等待你

（《古今和歌集》卷第十七，九一五）

《日本書紀》「持統三年八月十六日」條中記載：

丙申，禁斷漁獵於攝津國武庫海一千步內，紀伊國阿提郡那耆野二萬頃，伊賀國伊賀郡身野二萬頃，置守護人，准河內國大鳥郡高腳海。

《日本靈異記．上卷．第五話「信敬三寶得現報緣」》中有「高腳浜」的地名；「高腳浜」、「高腳海」和「高師」都是大鳥郡的海岸，三者是同一個地方，高師現在屬於高石町。《日本書紀》早在垂仁三十五年九月條中就出現了「高石」

的地名：「三十五年秋九月，遣五十瓊敷命於河內國，作高石池、茅渟池。」《古事記》「垂仁天皇」一節中有記載：「印色入日子命作血沼池，又作狹山池，又作日下的高津池。」

關於高石池和高津池，本居宣長（註二）在《古事記傳》中指出：「書紀中，有高石池，此處的津字，也是師字之誤。（中略）現在高石村還在，池塘也是古時就在。」

正如本居宣長指出的那樣，《日本書紀》中的高石池，是高石地區保留下來的眾多池塘中的一處；而高石的地名，在《日本書紀》編撰成書之前就已經存在。

《延喜式神名帳》（九二七年）中，記載了和泉國大鳥郡的高石神社；神社的名稱通常以古地名來命名。《神名帳》中沒有記載高石神社祭祀的神靈，《泉州志》（一七〇〇年）記載「今稱為天神」；《和泉國地志》（一八七四年）也有「祭神不詳，式內，俗稱天神」的記載；《和泉名所圖會》（一七九五年）在引用《泉州志》的記載時，又加了一句「祭王仁」。

高志氏是由「書首氏」分離出來的姓氏，而書首氏是王仁的後裔。《日本書紀》記載，天武天皇十二年（六八三年）九月，賜姓連，兩年後又賜姓忌寸；歸化日本後，其子孫繁盛，分出很多支脈。弘仁六年（八一五年）編撰的《新撰姓氏錄》中記載，弘仁五年（八一四年）前後，西文（書首）氏一族中有栗棲首（右京諸蕃）、武生宿禰、櫻野首（左京諸蕃）、古志連（河內國諸蕃）、高志連（和泉國諸蕃）五個分支。行基父親方面的高志氏，和古志氏相同。

關於高石神社的祭神有幾種說法，其中應該注意的是王仁說。高志氏是王仁後裔書首氏的分支，高石神社因此與高志氏有關。根據《行基年譜》（一二一四年）記載，神龜元年（七二四年），行基在大鳥郡草部鄉高石村與建尼院。如前所述，高志氏與高腳、高師的地名有關；因此，可以認為王仁後裔氏族的高志氏，以包括高師在內的高石地區為居住地。

書首氏的居住地是河內國的古市（今大阪市羽曳野市）。沒有資料顯示高志氏何時從古市移居到高石，但最遲應是在行基誕生的天智七年（六六八年）

之前。確認高志氏的居住地在高石，是行基傳記研究中的重要線索。

## 行基的母系家族

行基去世後四百八十年的文曆二年（一二三五年），在生駒山竹林寺的行基墓地出土的〈大僧正舍利瓶記〉中記載：

和上法諱法行一號行基，藥師寺沙門也，俗姓高志氏。厥考諱才智，字知法君志長子也，本出於百濟王子王爾（仁）之後焉。厥妣蜂田氏，諱古爾比賣，河內國大鳥郡蜂田首虎身之長女也。

〈大僧正舍利瓶記〉是天平二十年（七九四年）三月二十一日，行基滿中陰（亡後滿四十九日）的後兩天（三月二十三日），由其弟子真成記錄的，是行基傳記中最早出現的記載，可信度很高。

根據《新撰姓氏錄》的記載，姓蜂田的氏族有二支，一支是和泉國別神的蜂田連，另一支是蕃別的蜂田藥師。《續日本後紀》承和元年（八三四年）六月二十二日條中記載，和泉國人正六位上蜂田藥師文主、和從八位下安遊等人的祖先是百濟人。《三代實錄》貞觀六年（八六四年）九月四日條中記載，民部少錄正七位下蜂田連滝（瀧）雄的本貫是和泉國大鳥郡。仁和元年（八八五年）八月十九日條中，能看到典藥大屬蜂田岑範的名字。

歸化人蜂田氏，大多居住在和泉國。〈大僧正舍利瓶記〉中記載，行基的母親是蜂田首之女，出生在大鳥郡，這些內容與上述國史的記載相呼應。行基將其出生地改造為家原寺的所在地，位於源順（平安時代學者、漢詩人）著《和名類聚抄》（九三〇年）中記載的大鳥郡蜂田鄉，這裡是蜂田氏的居住地。

行基父系家族的居住地是高石，而他出生在母系家族居住的大鳥郡蜂田鄉，這是因為當時的婚俗是走婚式的「訪妻婚」。

訪妻婚又稱「妻問婚」，是日本古代的一種婚姻形式，盛行於奈良時代，一直延續至平安時代。這種婚姻是夫婦別居，男女各自與自己母親和同母兄弟姊妹同住；男方於夜晚潛入女方家中，短則翌日清晨離開，長則在女方家逗留多天。《萬葉集》中有很多表現這種婚俗的和歌，例如：

清晨你歸去
夜裡又來相會
我不知為什麼
在無端嘆息

（《萬葉集》卷第十二，二八九三）

《日本靈異記．下卷．第三十九話「智行並具禪師重德人身生國皇之子」》中，也有訪妻婚的例子：「釋善珠禪師者，俗姓跡連也，負母之姓而為跡氏也。幼時隨母，居住大和國山邊郡磯城嶋村。」

另外，《日本靈異記．中卷．第七話「智者誹妒變化聖人而現至閻羅闕受地獄苦」》中，關於行基的姓氏和出生地有不同的說法：

時有沙彌行基，俗姓越史也，越後國頸城郡人也；母和泉國大鳥郡人，蜂田藥師也。

越後國是天武朝（六七三年至六八六年）設置的，行基誕生的天智七年（六六八年）尚未出現。前文提到《新撰姓氏錄》中記載，高志氏和古志氏相同，但是沒有越史的用例。與行基滿中陰後不久、弟子真成撰寫的〈大僧正舍利瓶記〉相較，只能說《日本靈異記》關於行基俗姓和出生地的說法有誤。

總之，行基父系家族高志氏和母系家族蜂田氏的社會地位基本相同，都是下層歸化人氏族。

## 書氏的社會地位

書首氏（西文氏）的分支高志氏，出現了行基這樣的傑出人物，有必要分析一下書首氏族在政治及文化方面承擔的重要作用。

關於書首氏的祖先王仁赴日的情況，《日本書紀·卷第十·應神天皇》中有如下記載：

十五年（二八四年）秋八月壬戌朔丁卯，百濟王遣阿直岐，貢良馬二匹，即養於輕阪上廄。因以阿直岐令掌飼，故號其養馬之處曰廄阪也。阿直岐亦能讀經典，即太子菟道稚郎子師焉。於是天皇問阿直岐曰：如勝汝博士亦有耶？對曰：有王仁者，是秀也。時遣上毛野君祖荒田別、巫別於百濟，仍徵王仁也。其阿直岐者，阿直岐史之始祖也。

十六年春二月，王仁來之。則太子菟道稚郎子師之，習諸典籍于王仁，莫不通達。所謂王仁者，是書首等之始祖也。

根據《古事記·中卷》的記載，王仁最先將《論語》和《千字文》帶到日本：

百濟國主照古王，以牡馬壹疋、牝馬馬壹疋，付阿知古吉師以貢上（此阿知古吉師者阿直史等之祖）。亦貢上橫刀及大鏡。又科賜百濟國，若有賢人者貢上。故受命以貢上人名，和邇吉師。即《論語》十卷、《千字文》一卷，並十一卷付是人即貢進（此和邇吉師者文首等族）。

此處的「和邇」，是用漢字表音不表意的萬葉假名，即「王仁」的發音。「吉師」是朝鮮語對族長的敬稱，後來成為十七級官位的第十四級，在日本成為姓。《續日本紀》「延曆十年（七九一年）」條中記載，王仁是漢高祖的子孫。

也有學者認為，王仁是子虛烏有的歷史人物。津田左右吉氏在《日本上代史研究》中指出，王仁並非真實存在的人物；《古事記》及《日本書紀》記載的王仁，在應神天皇時來朝，只不過是基於應神天皇時代開始，與朝鮮半島交往的歷史知識，關於王仁來朝的記載並沒有詳實的證據。

但是，下述歷史記載值得注意。西元前一〇八年，西漢在朝鮮半島設置了四郡；其中，樂浪郡的官員，以王氏居多。西元三一三年，樂浪郡被高句麗吞併，王氏作為文化指導者被迎入百濟。西元三六九年，日本遠征新羅，百濟獲得了日本的政治保護，不斷向日本輸出文化；王仁正是在這種國際關係背景下來到日本的。

《古事記》記載，王仁是「書首等之祖」；《日本書紀》也有記載，王仁是「書首等之始祖」。根據《續日本紀》和《新撰姓氏錄》的記載，王仁不僅是書首氏之祖，也是「書直氏」之祖。書首和書直兩氏，在朝廷掌管記錄及財政等文字工作，因此姓氏中有書（文）字。《日本書紀》中，稱王仁為「博士」。古日語中，書氏的「書」字發音為fumi，博士的「博」字發音也是fumi，與王仁是書氏之祖相符。

結合四、五世紀的國際關係等背景來考慮的話，《古事記》和《日本書紀》記載的書氏之祖王仁在應神朝來到日本，並非完全沒有依據。

關於王仁攜帶到日本的漢典籍也存在問題。王仁帶來的「《論語》十卷」，卷數過多，頗為奇怪；不妨認為，這是加注的《論語》。江戶時代學者古川士清（一七〇九至一七七六年）認為，王仁帶來的是三國時魏國何晏的《論語集解》十卷；明治時代學者島田重禮（島田篁村，一八三八至一八九八年）認為是東漢鄭玄的《論語注》十卷。

根據史書記載，《千字文》是南朝梁武帝在位時期（五〇二年至五四九年），委託散騎侍郎、給事中周興嗣編成的，不可能在應神天皇時期（二七〇年至三一〇年）傳到日本。因此，江戶時代學者新井白石（一六五七至一七二五年）認為，王仁帶來的應該是西漢史游（註三）所撰之《急就章》那樣教學童識字的字書。

本居宣長在《古事記傳》中的看法比較妥當。他認為，在應神天皇時期以後，漢學和儒教在日本得以普及，《論語》及《千字文》是初級的啟蒙讀物；《古事記》不過是為了說明漢學及儒教的源頭，因此說王仁帶來了這兩本書籍。

書首氏也稱為「西文氏」。根據《日本書紀》的記載，以河內古市郡為據點的人物中，有書首加「竜」（龍）的名字；「飛鳥戶郡人田邊史伯孫之女，成為古市郡人書首加竜之妻」。古市有以應神天皇陵為中心的古墳群，自古便是開化之地，應神朝來日本的王仁子孫書氏在此居住也不足為奇。此後，設置河內國衙的國府（今柏原市國分本町）距離古市東北僅三公里。從五位下齋部宿禰廣成撰《古語拾遺》（八〇七年）中記載：

> 至於後磐餘稚櫻朝（履中天皇），三韓貢獻，奕世無絕，齋藏之傍，更建內藏，分收官物，仍令阿知使主與百濟博士王仁計其出納，始更定藏部。

此處記載的「百濟博士王仁」，是指王仁本人，或者是以王仁為代表的書氏。「齋藏」是儲藏國家祭祀必需物資的倉庫，「內藏」是儲藏來自朝鮮半島的獻品及進口物品的倉庫。《古語拾遺》接下來記載：

> 至於長穀朝倉朝（雄略天皇）……諸國貢調，年年盈溢。更立大藏，令蘇我麻智宿禰檢校三藏（齋藏、內藏、大藏）。秦氏出納其物，東西文氏勘錄其簿。

「大藏」是儲藏皇室屯倉租稅的倉庫。蘇我氏帶領秦氏、書直氏、書首氏等有勢力的歸化人負責三藏的管理，並輸入大陸文化，增強實力。書氏在蘇我氏之下，負責記錄三藏的帳簿，在朝廷的政治、財政方面佔有重要地位。直到文武二年（六九八年）四月，文忌寸博士被派往南方開拓島嶼，這個氏族一直和朝廷的財政管理有關。

清原夏野、小野篁等人編撰的《養老令》官選注釋書《令義解》（八三三年）中，關於神祇令「東西文部」的注釋是「東漢文直，西漢文首」。「東漢文直」是指居住在大和高市郡檜隈村（今奈良縣）的書直氏，「西漢文首」則是指居住在古市的書首氏。另外，《令義解》中，關於「東西文部」的注釋是「前代以來，奕世繼業，或為史官，或為博士」，這說明了書氏在文筆方面一直有著一定地位。

在朝廷中掌管來自朝鮮半島之獻品的書氏，在外交方面也很活躍。皇極天皇元年（六四二年），倭漢書直縣接待百濟的使者；白雉元年（六五〇年），他又被派往安藝國（今廣島縣），建造駛往百濟的船隻。白雉五年（六五四年）二月，文直麻呂作為遣唐使判官入唐。齊明天皇二年（六五六年）九月，任命河內書首為遣高麗使的中判官。

書氏家族在這種外交活動中開闊了視野，在不斷接受大陸及朝鮮半島新文化的過程中受益，掌握來自大陸的學問，這在《日本書紀》「雄略九年（四六五年）」條裡關於前述古市書首加竜（龍）的記載中，可以窺見一斑：

秋七月壬辰朔，河內國言，飛鳥戸郡人田邊史伯孫女者，古市人書首加竜之妻也。伯孫聞女產兒，往賀聟家，而月夜還，於蓬蔂丘譽田陵下〔蓬蔂，此云伊致寐姑〕，逢騎赤駿者。其馬時濩略而竜翥，欻聳擢而鴻驚；異體峰生，殊相逸發。伯孫就視，而心欲之。乃鞭所乘驄馬，齊頭並轡；爾乃赤駿超攄絕於埃塵，驅騖迅於滅沒。於是驄馬後而怠足，不可復追。其乘駿者知伯孫所欲，仍停換馬，相辭取別。伯孫得駿甚歡，驟而入廄，解鞍秣馬眠之。其明旦，赤駿變為土馬。伯孫心異之，還覓譽田陵，乃見驄馬在於土馬之間，取而代而置所換土馬。

這段記載是「河內國言」，應該出自河內書首氏。文中的語句顯然引自《昭明文選．卷十四．「鳥獸下」》（註四），顏延之（三八四年至四五六年，東晉及南朝宋文學家）的〈赭白馬賦〉：

異體峰生，殊相逸發。超攄絕夫塵轍，驅騖迅於滅沒……欻聳擢以鴻驚，時濩略而龍翥。

其故事情節，類似《宋書・五行志》關於桓玄的記載：

桓玄之國在荊州，詣刺史殷仲堪，行至鶴穴，逢一老公，驅青牛，形色瑰異。桓玄即以所乘牛易取。乘至零陵涇溪，駿駛非常，因息駕飲牛。牛徑入江水不出。玄遣人覘守，經日無所見。

田邊史居住地飛鳥戶郡，是由資母鄉（今大阪市柏原市玉手町）、尾張鄉（今柏原市國分町）、賀美鄉（羽曳野市駒谷）構成的小郡，接近古市。與書氏聯姻的田邊氏，氏名中也有「史」字，和書氏同樣擔任史官的職務。《續日本紀》「文武四年（七〇〇年）六月十七日」條記載，田邊史百枝和田邊史首名參與了《大寶律令》的編撰。白雉五年（六五四年）二月，書直麻呂作為遣唐使判官入唐時，田邊史鳥與其同行。

《日本書紀》「欽明天皇十三年（五三八年）十月」條中記載：

冬十月，百濟聖明王（更名聖王），遣西部姬氏達率怒唎斯致契等，獻釋迦佛金銅像一軀、幡蓋若干、經論若干卷。（中略）天皇聞已，歡喜踴躍，詔使者云，朕從昔來，未曾聞如是微妙之法。然朕不自決，乃歷問群臣曰：西蕃諸蕃獻佛，相貌端嚴，全未曾看，可禮以不？蘇我大臣稻目宿禰奏曰：西蕃諸國一皆禮之，豐秋日本豈獨背也？

從這段記載可以看出，蘇我氏是佛教傳入日本的積極支持者和信者。在蘇我氏的指導下，活躍於外交及財政領域的書氏（東西文氏），無疑很早便接受了佛教。《西琳寺緣起》記載，書首大阿斯高君之子書首支彌高發願建造氏寺，於齊明五年（六五九年），在書首（西文）氏的居住地建成了西琳寺（位於今大阪府羽曳野市，現為高野山真言宗寺院）。《續日本書紀》「慶雲元年（七〇四年）正月七日」條中，有「文忌寸尺加」的名字；「尺加」無疑來自釋（釈）迦，這也是文氏虔誠信仰佛教的例證。

總之，從書氏在政治、文化方面的活動，以及佛教信仰上來看，由書氏分離出來的高志氏，能夠出現行基這樣的僧侶並非不可思議。〈大僧上舍利瓶記〉中，行基的俗姓高志氏是王仁的後裔，這個記載是有據可循的。

佛教傳入日本的初期，有很多來自百濟、新羅、高句麗的僧侶，例如曇惠、道深、惠慈、惠聰、觀勒、慧灌、道藏等；日本人中出現的僧侶，也是以智藏、道融、道昭等歸化人出身者居多。奈良時代的義淵、智光、道慈、良弁、慶俊、勤操、慈訓等，也都是歸化人出身，這是因為他們具有接受佛教的方便條件。高志氏來自歸化人書氏，行基出家為僧，也是基於上述原因。

【註釋】

註一：《萬葉集》是現存最早的日語詩歌總集，收錄由四世紀至八世紀共四千五百多首長歌、短歌，共計二十卷，於七世紀後半至八世紀後半編輯完成，按內容分為雜歌、相聞、輓歌等。全書採用漢字，部分用來表意，部分用來表音，有時既表意也表音，使用情況十分複雜，甚至超出實際用途，用漢字來作文字遊戲。

註二：本居宣長（一七三〇至一八〇一年），又號芝蘭、舜庵，日本江戶時代思想家、語言學家，日本國學的集大成者。長期鑽研《源氏物語》、《古事記》等古典作品，運用實證法，努力按照古典文獻的原貌，排除中國儒家和佛家的解釋和影響，探求「古道」，並提倡日本民族固有的情感「物哀」，為日本國學的發展和神道的復興確立了思想理論基礎。

註三：史游，漢朝人，生卒年不詳，漢元帝時宦官，任黃門令（掌管衙中眾宦官），精字學，善書法。曾解散隸體粗書之，存字之梗概，損隸之規矩，縱任奔逸，赴速急就；所作《急就章》，相傳為現保存最完整的最早的字書，後人稱其書體為「章草」。無論是書文內容或章草字法，都對後世產生了一定的影響；特別是章草，更是今草字體的發展雛形。

註四：《文選》，是中國現存的最早一部詩文總集，由南朝梁武帝長子太子蕭統組織文人共同編選。蕭統逝後諡「昭明」，故其主編的這部總集又被稱《昭明文選》。全集共六十卷，分為賦、詩、騷、七、詔、冊、令、教、文、表、上書、啟、彈事、牋、奏記、書、檄、對問、設論、辭、序、頌、贊、符命、史論、史述贊、論、連珠、箴、銘、誄、哀、碑文、墓誌、行狀、弔文、祭文，收錄極為豐富。

# 第二章　出家傳道及其悲田事業

周遊都鄙，教化眾生，道俗慕化，追從者動以千數，所行之處，聞和尚來，巷無居人，爭來禮拜。隨器誘導，咸趣於善。

## 出家之前

白雉四年（六五三年），道昭三十歲時入唐，跟隨玄奘三藏學習法相（唯識）宗的教義。齊明七年（六六一年），他攜帶大量經典回國，在飛鳥寺傳授給眾多弟子。天智元年（六六二年），道昭在飛鳥寺境內的東南隅修建禪院，安置由唐朝帶回來的經卷，弘揚法相宗。這是行基出生前六年的事情。

天智天皇駕崩翌年（六七二年），發生了「壬申之亂」。這一年，行基五歲。六月二十四日，書氏家族的書首根麻呂、書直知德，跟隨大海人皇子，由吉野（約於今奈良南部）出發前往東國，吉野方面有同夥書直成覺。近江（近江國，於今滋賀縣）的大友皇子得知大海人皇子進入東國非常震驚，急忙向東國派出軍隊。書直藥也在軍中，在不破（位於今岐阜縣）的山中被吉野方面的伏兵俘獲。七月二日，書首根麻呂和村國連男依等人，率領數萬大軍，由不破出發進攻近江。同為書氏家族，有人屬於吉野方面，有人屬於近江方面，可見書氏並非一個整體。

天武天皇在壬申之亂中取得勝利，在飛鳥即位，徹底實行律令體制，對寺院及僧尼也進行嚴格管制。

天武天皇即位前的稱號是大海人皇子，自幼追隨兄長天智天皇左右。天智十年（六七一年），天智天皇病篤，召見大海人皇子，以皇位相許。大海人皇子深知這是天智天皇排斥異己的手段，因此推舉大友皇子為皇太子，自己則申請離開近江，退回吉野出家為僧，靜觀時局。由此可見，天武天皇是傾心於佛教的。

天武天皇在即位那一年（六七三年）的三月，召集書生，在川原寺抄寫一切經，為壬申之亂中失去生命的人祈福。十二月，任命造高市大寺司，將百濟大寺遷移到高市。同年，天武天皇還向高市大寺、川原寺、飛鳥寺等，授予封戶布施田地，表彰這些寺院在壬申之亂中的援助之功。天武六年（六七八年）八月，天武天皇首先行幸飛鳥寺：

八月卯朔乙巳，大設齋飛鳥寺，以讀一切經，便天皇御寺南門而禮三寶。是時詔親王、諸王及群卿，每人賜出家一人；其出家者不問男女長幼，皆隨願度之。

天武八年（六八〇年）十月，敕令僧尼曰：

凡諸僧尼者常住寺內，以護三寶。然或及老，或患病，其永臥狹房，久苦老疾者，進止不便，淨地亦穢。是以自今以後，各就親族及篤信者，而立一二舍屋於間處，老者養身。

天武九年（六八一年）四月，飛鳥寺「復舊有功，是以猶入官治之例」。十一月，「皇后體不豫，則為皇后誓願之，初興藥師寺。仍度一百僧，由是得安平。」

天武十年（六八二年）二月，天武天皇、皇后於飛鳥淨御原宮的大極殿，「以喚親王、諸王及諸臣，詔之曰：朕今更欲定律令改法式。」

天武天皇詔令編撰淨御原宮令，建立以天皇為中心的嚴密的國家體制，僧尼及寺院也在嚴格的管控之中。

## 出家受戒

天武十一年（六八三年），十五歲的行基出家為僧。律令制規定，平民百姓原則上不能輕易出家為僧尼，已經出家的人也不能自由行動。出家為僧尼的人來自豪族及富裕農民，或者與學問及佛教聯繫密切的氏族。

行基出家的契機，有可能與草壁親王的女兒日高皇女（後來成為元正天皇）患病有關。根據《日本書紀》記載：

己丑，勅，為日高皇女（更名新家皇女）之病，大辟罪以下男女並一百九十八人，皆赦之。庚寅，百四十餘人出家於大官大寺。

這一年的八月二十八日，為了祈願日高皇女病癒，勅令大赦男女罪犯，二十九日，准許一百四十餘人在大官大寺出家，行基應該是這些臨時得度者中的一員。大官大寺即高市大寺，原為百濟大寺；平成遷都後，移至奈良，更名為大安寺。

行基出家成為小沙彌，要加入僧侶的行列成為比丘，還得在修行之後受戒。關於行基受戒，〈大僧正舍利瓶記〉中沒有記載，在《行基菩薩傳》（一一七五年）中有如下記載：

年十五出家入道，二十四具足受戒，戒師高宮寺德光禪師。

行基出家後九年的持統天皇五年（六九一年），在二十四歲時被授與具足戒。具足戒是比丘、比丘尼受持的戒律；因為這些戒律與十戒相比，戒品具足，所以稱具足戒。關於具足戒的條目，雖然各地都有所不同，但大致內容是相同的。根據《四分律》，比丘的具足戒有二五〇條，比丘尼的具足戒有三四八條；得到授戒，才能由沙彌變成正式的僧人。

## 山林修行

雖記載德光禪師為行基授與具足戒，但是沒有關於德光禪師的文獻，其經歷不明。

而德光禪師居住的高宮寺，根據《和名抄》記載，位於「葛上郡高宮」。《日本靈異記‧上卷‧第四話「聖德皇太子示異表緣」》中的百濟僧圓勢，也曾經在此修行：「又籍法師之弟圓勢師者，百濟國之師也，住於日本國大倭國葛木高宮寺。」

高宮寺遺址在奈良縣御所市西佐味，位於金剛山的半山腰，這裡出土了藤原京樣式的瓦當（又稱為鐙瓦，是屋檐最前面的圓形瓦）。金剛山（海拔一一二五公尺）是縱貫大阪和奈良兩縣的金剛葛城山系的主峰，是被尊為修驗道之祖役行者（役小角）（註一）的修行道場，也是山林修行的中心。德光居住在這種山林中的寺院，無疑是山林修行者。

可以想像，行基在受具足戒前後，追隨德光在山林中修行。《行基菩薩傳》記載，德光給行基受戒之後的內容是：

即依付日本定昭、新羅惠基。初住法興寺，次移藥師寺。學習法相大乘，兼修利他之行，生知自通，不待師通。別譯瑜伽論，建立宗旨。一日一夜之間，十八時修業，一伽藍之內，三夏月安居。馳意六道，經論載輦，迴獨八方衣鉢隨身。或宿山林，荊藪為蓐；或留原野，沙石為床。（中略）以後，迄于慶雲元年，棲息山林。

慶雲元年（七〇四年），即文武天皇八年，這一年，行基三十七歲，《行基年譜》也有記載：

文武天皇八年，甲辰，慶雲元年也。菩薩從少年至卅七歲，棲息山林云云。

如是等之間，或修行，或安居。

行基受戒後，在法興寺學習法相宗教義；除了夏安居的三個月之外，大多時間在山林中修行。當時，在山林修行與正統的大官大寺之佛教並不對立；從其修行實踐上來說，構成了官寺佛教的另一半。在奈良時代，作為官僧儲備隊的沙彌們，為了取得受戒資格，主要進行以山林修行為主的沙彌行，官寺中的僧人們亦必須通過山林修行補充能量。行基在法興寺學習法相宗教義，同時又進行山林修行，在當時是非常自然的事情。

## 行基的法相宗之師

根據凝然（一二四〇年至一三二一年）（註二）撰《內典塵露章》記載，法相宗在日本的第一代傳人是道昭，第二代傳人是智通、智達，第三代傳人是智鳳、智鸞，第四代傳人是玄昉（？年至七四六年）。第三代傳人智鳳、智鸞將法相宗的教義傳授給義淵僧正，義淵的高徒則有玄昉僧正、行基菩薩、定昭大德等七人。根據這項記載，行基跟隨義淵學習法相宗教義，與玄昉以及在法興寺時依附的「日本定昭」是同門弟子。

凝然所言之法相宗在日本的傳承脈絡存在很多疑問。凝然所說的第一代和第二代傳人，實際上並非法相宗，而是攝論宗，其教義當然也不能等同於慈恩大師窺基（六三二年至六八五年）之後整理完成的法相教義。第三代傳人智鳳、智鸞傳授的法相宗教義體系也不明確；智鳳是新羅人，只能大致推測是以新羅法相宗為基礎的教義。大寶三年（七〇三年），智鳳、智鸞、智雄等人入唐時，義淵已經成為僧正，很難想像義淵師從智鳳學習法相宗教義；即使行基跟隨義淵學習法相宗教義，也並非窺基之後整理完成的內容。養老年間（七一七年至七二四年），行基因為傳教被非難；此時，日本佛教界的領袖人物正是僧正義淵。這也令人很難想像行基是義淵的高徒。

而第一代傳人道昭，作為行基的法相宗教義之師，比起義淵更廣為人知。

凝然晚年所撰的《三國佛法傳通緣起》「法相宗」項中記載：

道昭和尚授法於行基菩薩也。智鳳、智鸞，各授法於義淵僧正。

凝然關於日本佛教史的著述等身；但是，在《三國佛法傳通緣起》之前的著作中，沒有提及行基直接師法於道昭，《行基菩薩傳》及《行基年譜》也沒有記載。總之，沒有發現道昭直接對行基傳授法相宗教義的史料。

## 行基與「瑜伽唯識論」

如此看來，將義淵及道昭視為行基之佛教學導師的傳承令人質疑；即使他們是師徒關係，義淵和道昭向行基傳授的法相宗教義，也和窺基之後整理的教義大相徑庭。《續日本紀》中的〈行基傳〉記載：

初出家，讀瑜伽唯識論，即了其意。

「瑜伽唯識論」即《瑜伽師地論》和《成唯識論》，都是玄奘翻譯的法相宗重要典籍。

玄奘譯《瑜伽師地論》，共百卷。根據譯場監護許敬宗所做之序，由玄奘於貞觀二十一年五月十五日起至翌年二十二年（六四八年）五月十五日止，花了一年零一個月的時間譯成。

《成唯識論》又名《淨唯識論》，全十卷，是玄奘於唐顯慶四年（六五九年），在長安西明寺譯場，以大乘佛教唯識宗創始者之一世親（Vasubandhu）的《唯識三十頌》為主軸、揉合以護法（Dharmapāla）學說為主的印度十大論師之詮釋所譯，由窺基筆受而集成的一部論著。

道昭是在《成唯識論》翻譯成書兩年之後返回日本的；出家不久的行基，能夠即刻理解這兩部深奧的經典，應該是比較誇張的說法。《行基菩薩傳》則更為誇張，稱「學習法相大乘」的行基，「生知自通，不待師說，別譯《瑜伽論》一卷，建立宗旨。」

在奈良時代，信眾中更多是抄寫《瑜伽師地論》以取得追善（即追薦、祈求冥福）及現實利益，並非將其作為法相宗的教義來修習。行基只是通過山林中的禪修，來學習《瑜伽師地論》，這應該是較為接近事實的看法。

## 行基與三階教

經過動盪的南北朝時期，隋朝（五八一年至六一九年）在六世紀後半葉統一了中國。這期間，佛教大師輩出，為奈良平安佛教帶來巨大影響。例如，地論宗的淨影寺慧遠（五二三年至五九二年）、天台宗的智者大師（智顗）（五三八年至五九七年）、三論宗的吉藏（五四九年至六二三年）、淨土宗的道綽（五六二年至六四五年）、以及開創三階教的信行（五四〇年至五九四年）。

其中，對行基之悲田事業頗有影響的，應是「三階教」思想。

信行法師，俗姓王，魏郡（今河南安陽）人，十七歲時出家於相州（今安陽）法藏寺。隋開皇三至七年（五八三年至五八七年），信行綜合《華嚴》、《涅槃》、《法華》、《維摩》等經典，開創了三階教。開皇十四年（五九四年）正月四日，寂於京師真寂寺，年五十五歲。信行的著述有《對根起行雜錄》三十二卷、《三階位別集錄》三卷、《眾事諸法》等，共四十餘卷。

信行認為，到了末法時代，應有一種能夠滿足時代要求的佛法，即所謂「三階佛法」。「三階」的名稱，是依「時、處、人」三項而建立——

約時三階，即以經上所說佛滅後的正、像、末三個時代而言；以佛滅後五百年的「正法時代」為第一階，次五百年的「像法時代」為第二階，佛滅千年以後的「末法時代」為第三階。

約處三階，以淨土為第一階一乘（大乘）之處，穢土為第二階三乘（大小乘）之處，第三階為戒見俱破的眾生之處。

約人三階，即以一乘、三乘和世間根機的區別，分為三階。他認為眾生根性不同，必須因人說法；時屬末法、處在穢土、人乃劣機的世間，則應信修「普法」；若以下人而修上法，則不和機宜。所以，三階教的主要教義，在於對根起行。信行認為，第一階正法時，戒、見（行為和認識）俱不破，第二階像法時，破戒不破見；以上二者都是具有正見的人。但是，到第三階的末法時，則戒見俱破，劣時劣處，又為偏見（空或有）或邪見所支配。對於執著偏見的人，若授以第一、二階的「別法」，則信此一佛一經者，將謗他佛他經。所以，信行主張，在末法時期不應學習「別法」，應該普遍歸依一切佛、一切法、一切僧、斷一切惡、修一切善。故他稱第一、二階為「別佛別法」，稱第三階末法為「普佛普法」，略稱「普法」。

日本學者矢吹慶輝對三階教進行了系統研究，在其專著《三階教的研究》中，歸納了三階教的三個特點：

一、最先標榜為末法佛法而開創的宗派；

二、既是「經宗」，也是反省實行的「行宗」；

三、承認自法的正當性，誹謗他宗。

三階教信奉的並非寬容之教法，指責他宗他法是墮地獄之教的論調，自然會遭受他宗的傾軋和攻擊。隋文帝開皇二十年（六〇〇年），當局為了防止發生社會動亂的風險，開始下令禁止三階教的傳播。

武則天證聖元年（六九五年），將三階教經典作為異端，從佛教經典移出。聖曆二年（六九九年），三階教徒遭到壓迫，乞食、長齋、絕穀、持戒、坐禪之外的行動，悉數遭禁。

玄宗開元元年（七一三年），無盡藏院（三階教行救濟布施的所在）被廢，院中所藏錢財被分給京畿諸寺。開元十八年（七三〇年）編撰的《開元釋教錄》，將三階教的三十五部四十四卷經典編入偽經錄中。而在德宗貞元十六年（八〇〇年）編撰的《貞元新定釋教目錄》中，三階教的三十五部四十四卷典籍又全部編入大藏經，洗刷了異端偽經的汙名。

經過多次打壓，三階教教團逐步解體，七世紀時那種盛況再也沒有出現，此教派最終消亡了。

# 三階教經典傳入日本

三階教的經典一度編入《貞元錄》，之後又被剔除；現在的《貞元錄》中，連其題名也沒有記載。寬元二年（一二四四年），在紀念明惠上人去世十三週年時，根據《貞元錄》供獻一切經，雖然也是「信行禪師三階佛法已下四十四卷欠」的狀況，但是「續彼欠本，滿一部畢」，當時日本還殘留了四十四卷中的一部分。另外，弘安四年（一二八一年）去世的道忠之《群疑論探要記》中記載，「《三階佛法》四卷，《法界眾生根機淺深法》一卷，謹雖得之，其餘三十九卷，所未見及也。」

大正十四年（一九二五年），大屋德城發現了三階教根本經典《三階佛法》四卷，出版了影印本。之後，矢吹慶輝在巴黎圖書館和大英博物館收藏的敦煌文獻中，發現了數種三階教經典；經過整理研究之後，於昭和二年（一九二七年）出版了《三階經的研究》。

如今，日本天台宗在追善法要時舉行的「例事作法」（西方懺法），是慈覺大師圓仁（七九四年至八六四年）從中國五臺山引入的念佛三昧法（引聲念佛）。昭和十五年（一九四〇年），田島德音撰文指出，「例事作法」的大懺悔前半部分的懺悔文，有多處來自信行所撰的《七階佛名》。昭和十七年（一九四二年），八木昊惠撰文指出，源信所撰《往生要集》中的「一乘要訣」，明顯受三階教的影響。由此可見，日本平安時代（七九四年至一一九二年）的佛教，有三階教的痕跡。

吉田靖雄撰文指出（昭和五十七年，西元一九八二年），奈良至平安時代前期的藥師寺僧景戒所撰《日本靈異記》中，也能看到三階教的影響。景戒在其中記述了乞食行、布施行、群體的佛法、末法思想，這些觀念是與當時佛教界的正統觀念對立的；而從三階教的觀點來看，都具有合理性。

《歷代三寶記》（五九七年）的卷十二和《大唐內典錄》（六六四年）的卷十，記錄了三階教的經典書目；而《武周錄》（六九五年）卷十五和《開元錄》（七三〇年）卷十八，則將其載入「偽經目錄」以及「疑惑再詳錄」中。因此，在奈良時代，三階教經典應該是錄外經、疑偽經。

《大日本古文書》中所見，日本最早的三階教根本經典《明三階佛法》二卷和《略明法界眾生根機淺深法》一卷寫疏所解的日期，是天平十九年（七四七年）十月九日。此解中記載，原書是從禪院寺借來的，這兩部書籍無疑先前保存在禪院寺。昭和二年（一九二七年），大屋德城撰文指出：

禪院寺是道昭歸朝後，在元興寺東南隅修建的寺院；圓寂後，弟子們將寺院遷移到新京。這是《續日本紀》中記載之平城右京的禪院；如果這裡有三階宗書，不難推定是道昭迎請來的。

昭和五年（一九三〇年），石田茂作也注意到這份寫疏所解，推測禪院寺應該與元興寺禪院相同，禪院的經疏是道昭迎請來的。昭和三十二年（一九五七年），藤野道生經考證，確認這座禪院寺正是道昭的禪院。昭和四十六年（一九七一年），井上光貞指出，道昭接觸三階教是明顯的事實，他迎請回來的九十一部經典中，有三階教根本法典的《明三階佛法》二卷、《三階律周部》九卷、信行撰《略明法界眾生根機淺深法》一卷、《法華音義》二卷。

道昭入唐是白雉四年（六五三年），去世是文武天皇四年（七〇〇年）；根據狩穀棭斎（一七七五至一八三五年）之說，道昭是齊明天皇七年（六六一年）返回日本的。道昭在大唐留學九年，於高宗永徽四年（六五三年）入唐，住在長安的大慈恩寺，師從玄奘。當時，包括長安在內的中國北方盛行三階教；不難理解，道昭會將三階教經典帶回日本。

不清楚玄奘對三階教抱持什麼態度；但是，玄奘四大弟子之一的新羅僧人神昉，亦是三階教徒。貞觀十九年（六四五年），神昉作為「證義」加入玄奘的譯經團隊，直到龍朔三年（六六三年）完成《大般若經》的翻譯。玄奘門下有神昉這樣的三階教徒，對三階教的態度應該也是接納的。另外，道昭在唐期間，與神昉在玄奘門下譯經時間重疊；不難推測，道昭能得到師兄神昉協助收集三階教的經典。

道昭帶回日本的三階教經典，目前能夠看到的有《明三階佛法》二卷、《略明法界眾生根機淺深法》一卷、以及《三階律周部》九卷。其他經典帶入日本的時間不明，天平十五年（七四三年）之後的則有《十輪經抄》二卷、《示所犯者瑜伽法鏡經》一卷、《三戒律》三卷等。

奈良時代，人們將三階教視為異端，收藏與書寫三階教的相關書籍，應該是用來進行研究。道昭居住的本元興寺禪院，及其圓寂後的平城禪院寺，至少收藏了三部以上三階教經典。

行基在本元興寺學習佛法，同時進入山林修行，很有可能閱讀過這些三階教經典。行基接觸到否定山林修行、主張在人群中弘揚佛法的三階教經典後，對自己的修行方式產生了懷疑，因而中斷了持續了十餘年的山林修行，帶著尚未消除的疑惑，先回到家鄉河內國大鳥郡。這一年是慶雲元年（七〇四年）。

## 聚落傳法

三階教否定山林修行，主張在人群聚集的場所傳教。不知道教主信行是否有山林修行的經歷，但他始終在街頭巷尾傳教。信行十七歲時，出家於相州（今河南安陽）法藏寺；受戒後，博涉經論，重視行持。信行認為，佛教須應時宜，實行濟度，不應空講理論，而比丘的生活方式，對於菩薩行頗為不便；因此，他於法藏寺捨了具足戒。信行捨了戒後，極力宣揚大乘利他精神，並且親服種種勞役，節衣縮食，將其所得施與悲田（貧民）、敬田（佛法僧）。將往來僧俗視為「佛性佛」，路上遇人，不問男女，悉行作禮，謂之「普敬」。

上述活動，都是在集落的街頭巷尾進行的。信行所領導的教團，很快得到許多道俗的信奉。

在三階教經典《對根起行法》中有：

第三階空見有見眾生出世處者，唯得在聚落，不合在山林閒靜。何以故？由從無始以來，與如來藏佛、佛性佛、形象佛最有緣故。唯得在聚落，不得在山林修道。

末法時期的下根眾生，與「如來藏佛」最有緣，因此必須在有如來藏佛的聚落習佛。此書接下來對末法時期眾生還有如下要求：

唯在聚落，不在山林，唯藉多伴；喻如破車藉多繩木，須牢繫縛始可載物，顛倒眾生亦復如是，唯藉強伴可入道。何以故？由空見有見眾生，無始以來，未學當根出世法，志性未立，數數進退，唯須強伴始得成行。

要求戒見具破的下根眾生留在聚落的理由是，雖然是破車，如果用繩木加固，還是可以使用的，眾生亦復如是，必須有聚落中的眾多同伴相助；借助聚落中的同修之力，下根之身也可以理解出世之法。

中國在六世紀就已經確立了在山林閑處的佛教修行方式；三階教否定山林佛教，與正統佛教對立，這應是令人側目之處。

行基閱讀的三階教典籍論述的正是上述內容。他與否定自己十餘年山林修行價值的論點相遇，否定山林修行，意味著對行基前半生修行的否定。陷入迷惘的行基，走出山林，回到出生地河內國大鳥郡蜂田鄉。

## 道昭與行基

行基出生於歸化人高志氏家族。這個家族出過官至五位的國守，屬於中等豪族階層，是在具有學問及佛教文化背景的家族環境中長大的。高志氏是由書氏分離出來的氏族，書氏與船氏聯繫密切，船氏家族出現了一位非常有實力的僧人道昭，這也與行基選擇出家為僧有關。

船氏家族的居住地在古市郡的野中（南河內郡藤井寺町），這裡也是其家族寺院野中寺的所在地，在高志氏居住地高石之東，相距十七公里，距離行基誕生地十三公里；也是其東方，距離書氏的居住地更近，位於其西北方兩公里處。書氏和船氏，都是來自百濟的歸化人，也都擔任掌握知識的史官職務，而且同屬蘇我氏統領。《日本書紀》「欽明天皇十四年（五五三年）七月」條，有關於船氏的記載：

秋七月辛酉朔甲子，幸樟勾宮。蘇我大臣稻目宿禰奉敕遣王辰爾，數錄船賦，即以王辰爾為船長。因賜姓為船史，今船連之先也。

蘇我大臣稻目宿，奉敕派遣船氏的祖先，在王辰爾登錄船賦，並因此獲賜船史之姓。此外，「皇極四年（六四五年）六月十二日」條記載：

己酉，蘇我臣蝦夷等臨誅悉燒天皇記、國記、珍寶。船史惠尺即疾取所燒國記而奉中大兄。

道昭正是這位船史惠尺之子。白雉四年（六五三年），道昭作為學問僧入唐，在大慈恩寺師從玄奘學習經律論，與玄奘的高徒窺基結下了深厚的友誼，玄奘還介紹他到隆化寺隨惠滿參禪。道昭歸國之際，玄奘贈予道昭佛舍利及大量經論。

齊明七年（六六一年），道昭隨遣唐使的船回到日本，弘揚法相宗。晚年周遊諸國，從事在街衢邊挖井、設置渡輪、架橋等公益事業。文武四年（七〇〇年）三月十日，道昭在法興寺禪院中入寂，生前留下遺囑將遺體火化，這是日本火葬的肇始。

十二世紀上半葉成立的《今昔物語集．本朝部》中，道昭記為「道照」，卷第十四、第四話「道照和尚渡唐傳法相歸來的故事」中，有較為詳細的記載：

從前，本朝天智天皇時有位叫道照和尚的聖人，俗姓船氏，河內國人。幼年出家元興寺為僧，明敏正直，慈悲如佛。世人上自朝廷下至百姓，不分僧俗男女，都對他俯首恭敬。

天皇將道照召來說道：「近來聽說，震旦有位玄奘法師，渡天竺返回本國傳正教。其中有稱為『大乘唯識』的法門，此乃那位法師所擅長之確立『一切現象一定和認識有關』的教理，本朝還沒有此教法。你快去震旦拜會玄奘法師，學習他的教法回國傳教。」

道照奉旨西渡震旦，來到玄奘三藏的門下，對門人說道：「我是奉日本國國王的旨意前來學法的僧人。」門人進去傳話，又出來問明來意。道照說道：「我是受國王的委託前來學習唯識法門，並將回國傳此法門的。」

三藏得知後，立刻讓道照進來，親自起身將道照迎進房中。二人單獨面談，一見如故。此後，玄奘傳授唯識法門。道照夜返僧舍，白天到三藏的居處，如此學習了一年，道照將此法門如移瓶水，一滴不漏地全部習得。

道照準備返回日本的時候，三藏弟子們對玄奘說道：「震旦國中有很多弟子，都是非常有德行的人，但大師並不看重這些人；看見從日本國來的僧人，大師卻特地離開座位，起身表示敬意，這讓人無法理解。日本來的僧人即使了不起，但終究是小國之人，不會有什麼過人之處，無法和我國人相比。」

三藏說道：「你們夜裡去那位日本僧人的僧舍窺探一下，看看他在做些什麼，然後再譭謗或是讚美都可以。」

之後，有兩、三個三藏的弟子夜裡到道照的僧舍偷窺，看見道照正在誦經；仔細一看，發現其口中放出五、六尺長的白光。弟子們見狀感到非常驚奇（原文缺字）：「此事太罕見了。我們大師的（原文缺字）。我們的大師對他國遠來者的背景應不甚瞭解，卻能明察其德行，不愧是菩薩的化身。」

他們回來對大師說道：「我們窺見日本僧人口出白光。」三藏說道：「你們太愚蠢了！也不好好想想，我敬重道照一定是有原因的；卻無端譭謗，實在太不明智了。」弟子們羞愧而去。

道照在震旦期間，應新羅五百道士招請，到新羅山上的道場講說《法華經》。他聽見道場裡有人在說日本話，便在高座上暫停說法，問道：「是誰？」有人回答：「我是日本的役優婆塞。在日本，神的心狂躁，人心也險惡，因此出走，但我現在經常回去。」道照心想：「這是我們國家的人，我一定要和他見面。」他從高座上下來尋找，可人不在。他非常惋惜地返回震旦。

道照習法歸國後，向諸弟子傳授唯識要義，此法至今盛行不絕。他還建了一座叫禪院的寺廟住在那裡。臨終時，他沐浴後著淨衣，朝西方端坐。這時，有光照遍屋中，道照睜開眼睛問弟子：「你們看見光了嗎？」弟子說：「看見了。」道照說道：「去弘揚此事。」到了夜裡，此光從屋裡射出，照在寺中庭院的樹上；過了許久，此光向西方飛去。弟子們看見後非常恐懼。這時，面向西端坐的道照氣絕而逝，誰都知道他一定已往生極樂世界。那座禪院在元興寺的東南。道照和尚是菩薩的化身。

關於行基師從道昭的記載，最早出現在應長元年（一三一一年）編撰的《三國佛法傳通緣起》中；此書是在行基去世（七四九年）五百餘年之後成立的，可信性令人存疑。

道昭是法相宗在日本的第一傳人；行基出家時，學習的是法相宗重視的《瑜伽論》和《唯識論》，並很快理解了其教義。另外，行基還在道昭的影響下，積極從事社會公益活動。因此，《三國佛法傳通緣起》的記載，並非毫無根據。

## 行基出家的寺院

行基是天武十一年（六八三年）十五歲時出家為僧的。關於行基出家的寺院，〈大僧正舍利瓶記〉和《續日本紀》等早期文獻中沒有任何記載。元亨二年（一三二二年）編撰的《元亨釋書》記載，行基在藥師寺出家，此書也是在行基去世五百餘年之後成立的，有必要對這一記載進行分析。

根據《日本書紀》記載，行基出家前兩年的天武九年（六八一年）十一月，因「皇后體不豫」而「初興藥師寺，仍度一百僧」，這一百名得度者中沒有行基。行基出家的地點應該是官方建立的寺院，但無法斷言是藥師寺。〈大僧正舍利瓶記〉中記載，行基是「藥師寺沙門」。《續日本紀》記載，行基是「藥師寺僧」。這顯示行基與藥師寺有關係，但並非說明是在此出家的。

例如，《元亨釋書》還記載，行基是菅原寺的僧人，而這裡是他去世的地方。因為有這樣的用例，〈大僧正舍利瓶記〉和《續日本紀》中的藥師寺，並不意味著這裡便是行基出家的寺院；關於他與藥師寺的關係，還可以有其他的解釋。由於行基出家前後與道昭有關係；如果是師從道昭的話，行基很有可能是在道昭所在的飛鳥寺出家。飛鳥寺於天武九年納入官寺，具備作為行基出家寺院的條件。

行基出家時，道昭五十四歲，正在飛鳥寺的禪院培養弟子，並從事公益事業。《續日本紀》中的〈道昭傳〉記載：

於時天下行業之徒，從和尚學禪焉。於後周遊天下，路傍穿井，諸津濟處，儲船造橋；山背國宇治橋，和尚之所創造者也。

上述記載中應該注意的是，誕生在船氏家族的道昭，將與船氏有關係的造船和架橋技術，應用到其公益事業之中。

與道昭相關的遺跡，有聞名的宇治橋，其他地區也保留了不少。如東瓜破（今大阪市東住吉區）的敬正寺，其前身據說是道昭所建；附近還留下了道昭地、大門地、經塚等地名。根據《大阪府志》記載，道昭的家族為了紀念他，舉辦了「船戶講」，一直持續到明治維新時期。道昭輾轉各地傳道以及從事公益事業期間，弟子行基追隨左右，在現場學習造船、架橋等工藝技術。

道昭通過在民間傳教以及從事公益活動，展示出全新的僧侶形象。文武四年（七〇〇年）三月十日，道昭於飛鳥寺的禪院示寂，終年七十二歲。《續日本紀》在此日的條目中，以長文記載了他的傳記。《續日本紀》中，只記載了六位白鳳、奈良時代的僧侶；除了道昭之外，另外五位是道慈、玄昉、行基、鑑真、道鏡。參照《續日本紀》記錄傳記的編撰標準，可看出這六位僧人所具有的影響力。

根據道昭的遺囑，弟子們在粟原（今奈良縣磯城郡多武峰村）將道昭的遺體火葬。作為道昭弟子之一的行基，在失去導師以後，必須開闢自己前行的道路；此時的行基三十三歲，也已經到了自立門戶的年齡。

行基出身於豪族，在優渥的文化環境中長大，又在道昭身邊經受過鍛煉；作為官方僧侶，在這條道路上邁進，飛黃騰達是指日可待的。但是，面對社會現實，行基毫不猶豫地選擇了另一條道路。

## 民間傳道

道昭去世這一年的六月，藤原不比等等人開始在藤原京編撰律令，大寶元年（七〇一年）八月編撰完成，翌年十月開始實施。由《大寶律令》確立的統治體制，加深了對民眾的盤剝。農民們逃避律令制的剝削，希望減輕勞役，發展農業生產，並期待佛教向民眾開放。面對民眾的需求，行基開始在民間傳教。《續日本紀》的〈行基傳〉中，記載了其傳教情況：

周遊都鄙，教化眾生，道俗慕化，追從者動以千數；所行之處，聞和尚來，巷無居人，爭來禮拜。隨器誘導，咸趣於善。

尤其值得注意的是《續日本紀》中還記載：

時人號曰「行基菩薩」，留止之處皆建道場。其畿內凡卌九處。諸道亦往々而在。

「行基菩薩」的稱號並非官方授予的，是當時民間對行基的稱呼；由此可見，民眾將行基視為拯救者。

慶雲元年（七〇四年），行基首先將自己的出生地、即母親家的房屋改建為家原寺，此後共修建了四十九座寺院。安元元年（一一七五年），治部少輔泉高父宿禰參照《皇代記》、《年代記》、《行基菩薩傳》等史料，撰寫了《行基年譜》，其中記載的四十九座寺院建立年代和地點如下表：

如同家原寺是住宅改建的那樣，行基建造的四十九座寺院，起初並非宏偉的建

| 序號 | 寺院名稱 | 所在地 | 建立年代 | 行基年齡 | 現今地名 |
|---|---|---|---|---|---|
| 1 | 家原寺 | 河內國大島郡蜂田 | 704 | 37 | 大阪府堺市西區家原町 |
| 2 | 大修惠院 | 和泉國大島郡大村里 | 705 | 38 | 大阪府堺市南區 |
| 3 | 恩光寺 | 大和國平群郡床室村 | 715 | 49 | 奈良市生駒市有里町 |
| 4 | 隆福院 | 大和國添下郡登美村 | 718 | 51 | 奈良市大和田町追分 |
| 5 | 石凝院 | 河內國河內郡日下村 | 720 | 53 | 大阪府東大阪市日下町 |
| 6 | 喜光寺 | 平成右京三條三坊 | 722 | 55 | 奈良市菅原町 |
| 7 | 清淨土院 | 和泉國大島郡葦田里 | 724 | 57 | 大阪府高石市 |
| 8 | 同 尼院 | 和泉國大島郡草部鄉 | 724 | 57 | 同 |
| 9 | 久修園院 | 河內國交野郡一條內 | 725 | 58 | 大阪府枚方市楠葉 |
| 10 | 檜尾池院 | 和泉國大島郡和田鄉 | 726 | 59 | 大阪府堺市檜尾 |
| 11 | 大野寺 | 和泉國大島郡大野村 | 727 | 60 | 大阪府堺市土塔町 |
| 12 | 同 尼院 | 同 | 727 | 60 | 同 |
| 13 | 善源院 | 攝津國西城郡津守村 | 730 | 63 | 大阪市西城區 |
| 14 | 同 尼院 | 同 | 730 | 63 | 同 |

| | | | | | |
|---|---|---|---|---|---|
| 15 | 船息院 | 攝津國兔原郡宇治鄉 | 730 | 63 | 神戶市兵庫區 |
| 16 | 同　尼院 | 同 | 730 | 63 | 同 |
| 17 | 高瀨橋院 | 攝津國嶋下郡穗積村 | 730 | 63 | 大阪市東淀川區 |
| 18 | 同　尼院 | 同 | 730 | 63 | 同 |
| 19 | 楊津院 | 攝津國河邊郡楊津村 | 730 | 63 | 兵庫縣豬名川町木津 |
| 20 | 狹山池院 | 河內國丹比郡狹山里 | 731 | 64 | 大阪府大阪狹山市 |
| 21 | 同　尼院 | 同 | 731 | 64 | 同 |
| 22 | 昆陽施院 | 攝津國河邊郡山本村 | 731 | 64 | 兵庫縣伊丹市寺本二丁 |
| 23 | 法禪院 | 山城國紀伊郡深草鄉 | 731 | 64 | 京都市伏見區 |
| 24 | 河原院 | 山城國葛野郡大屋村 | 731 | 64 | 京都市 |
| 25 | 大井院 | 山城國葛野郡大井村 | 731 | 64 | 京都市右京區 |
| 26 | 山崎院 | 山城國乙訓郡山前鄉 | 731 | 64 | 京都府大山崎町 |
| 27 | 隆福尼院 | 大和國添下郡登美村 | 731 | 64 | 奈良市大和田町追分 |
| 28 | 枚方院 | 河內國茨田郡伊香村 | 733 | 66 | 大阪府枚方市伊加賀 |
| 29 | 薦田尼院 | 同 | 733 | 66 | 同 |
| 30 | 隆池院 | 和泉國泉南郡 | 734 | 67 | 大阪府岸和田市 |
| 31 | 深井尼院 | 和泉國大島郡深井村 | 734 | 67 | 大阪府堺市中區深井 |
| 32 | 吉田院 | 山城國愛宕郡 | 734 | 67 | 京都市左京區 |
| 33 | 沙田院 | 攝津國住吉 | 734 | 67 | 大阪市住吉區 |
| 34 | 吳阪院 | 攝津國住吉郡御津 | 734 | 67 | 大阪市住吉區長峽町 |
| 35 | 鶴田池院 | 和泉國大鳥郡 | 737 | 70 | 大阪府堺市西區草部 |
| 36 | 頭陀院 | 大和國添下郡 | 737 | 70 | 奈良縣大和郡山市 |
| 37 | 同　尼院 | 同 | 737 | 70 | 同 |
| 38 | 發菩提院 | 山城國相樂郡大狛村 | 740 | 73 | 京都府木津川市山城町 |
| 39 | 隆福尼院 | 同 | 740 | 73 | 同 |
| 40 | 泉福院 | 山城國紀伊郡石井村 | 740 | 73 | 京都市伏見區 |
| 41 | 布施院 | 同 | 740 | 73 | 同 |
| 42 | 同　尼院 | 同 | 740 | 73 | 同 |
| 43 | 大福院 | 攝津國西城郡御津村 | 745 | 78 | 大阪市中央區三津寺町 |
| 44 | 同　尼院 | 同 | 745 | 78 | 同 |
| 45 | 難波度院 | 攝津國西城郡津守村 | 745 | 78 | 大阪市西城區 |
| 46 | 枚松院 | 同 | 745 | 78 | 同 |
| 47 | 作蓋部院 | 同 | 745 | 78 | 同 |
| 48 | 報恩院 | 河內國交野郡楠葉鄉 | 不明 | 不明 | 大阪府枚方市楠葉 |
| 49 | 長岡院 | 菅原寺西岡 | 不明 | 不明 | 奈良市疋田町 |

築，大多是稱為道場的簡陋設施。附表中的1家原寺、2大修惠院（現名高倉寺）、6喜光寺、9久修園院、11大野寺、22昆陽施院（現名昆陽寺）、30隆池院（現名久米田寺）、38發菩提院（泉橋院）、43大福院（現名三津寺），這九座寺院香火延續至今。

## 行悲田事業

行基投身於社會，為期待從壓迫與貧困中解脫出來的民眾傳道，是從開發池渠等有利於大眾公共福利的公益事業開始的，即行「悲田」事業。《續日本紀》中記載：

親率弟子等，於諸要害處，造橋築陂；聞見所及，咸來加功，不日而成。

《日本靈異記．中卷．第三十話》也有記載：

行基大德，令堀開於難波之江而造船津，說法化人，道俗貴賤，集會聞法。

聽聞行基說法的民眾，也為其社會公益事業提供了勞力。根據《行基年譜》中「天平十三年辛巳記云，延曆廿三年三月十九日所司記云云」，行基開發的社會福利設施有：

架橋六所

泉大橋　在相樂郡泉里／山崎橋　在乙訓郡山崎鄉

●已上二所山城國云云

高瀨大橋　在嶋下郡高瀨里／長柄／中河／堀江　並三所西城區

●已上四所在攝津國

直道一所

在自高瀨，生馬大山登道

已上河內國茨田郡、攝津國云云

池十五所

狹山池　在河內國北郡狹山里

土室池　在大鳥郡土師鄉／長土池　在同所
薦江池　在同郡　深井鄉／檜尾池　在同郡　和田鄉／茨城池　在同郡　蜂田鄉／鶴田池　在同郡　早部鄉
久米多池　在泉南郡丹比郡里／物部田池　在同所
●己上八所在和泉國
昆陽上池　同下池，院前池，中布施尾池，長江池
●己上並五所，河邊郡山本里
有部池　在豐嶋郡箕丘里
●己上六所，在攝津國

**溝七所**　在河內國茨田郡古林里

古林溝　長三千二百丈　廣六尺　深四尺
昆陽上溝　長一千二百丈　廣六尺　深四尺　在攝津國河邊郡山本里
同下池溝　長一千二百丈　廣六尺　深六尺　在同所

長江池溝　長六十丈　廣深六尺　在同國西城郡
物部田池溝　長六十丈　廣深六尺　在泉國泉南郡，物部田池尻申侯
久米多池溝　長二千丈　廣五尺　在同國

樋三所

高瀨堤樋　在茨田郡高瀨里／韓室堤樋　同郡韓室里／茨田堤樋　同郡茨田里

●己上三所，在河內國

船息二所

大和田船息　在攝津國兔原郡宇治
神前船息　在和泉國日根郡日根里，近木鄉內申侯

堀四所

比賣嶋堀川　長六百丈　廣八十丈　深六丈五尺　在西城郡津守村
次田堀川　長七百丈　廣二十丈　深六尺　在嶋下郡　次田里

●己上三所，在攝津國

大庭堀川　長七百丈　廣二十丈　深六尺　在河內國　茨田郡大庭里

●已上不記年號，仍不審多，或遊行時，或寺院之次，隨便云云

布施屋九所　見三所　破損六所云云

大江布施屋　在乙訓郡大江里／泉寺布施屋　在相樂郡高麗里

●已上二所，在山城國

昆陽布施屋　在河邊郡昆陽里／垂水布施屋　在豐嶋郡垂水里

度布施屋　在西城郡津守里

●已上三所，在攝津國

楠葉布施屋　在交野郡楠葉里／石原布施屋　在丹北郡在原里

●已上二所，在河內國

大鳥布施屋　在大鳥郡大鳥里／野中布施屋　在同郡土師里

●已上二所，在和泉國

天平十三年（七四一年）是行基在世時的記錄，延曆二十三年（八〇四年）

是行基去世後五十五年後記錄的。「樋」是引水槽，「船息」是船塢，「布施屋」即悲田院，「堀」應該是規模較大的壕溝；文中記載「堀四所」，而實際只列出三所。

其中有些設施是在行基時代很早以前建造的；例如狹山池，根據《日本書紀》記載，是在崇神天皇時代（西元前九十八年至西元前三十年）修建的。《萬葉集》中有一首短歌與「大和田船息」有關，即出自「田邊福麻呂之歌集」的和歌：

海濱如此清潔　海灣如此美麗
自神代時起　有無數條船隻　停泊在大和田濱
（《萬葉集》卷第六，一〇六七）

《行基年譜》記載「大和田船息在攝津國兔原郡宇治」，兔原郡以現在的蘆屋市及神戶市東灘區為中心。而日本的萬葉學者普遍認為，大和田浜是今神戶市兵庫區和田崎町附近的海濱。兵庫區在東灘區的西邊，相距不遠。

架橋修路、開闢溝渠的灌溉設施、建造寺院及布施屋等，需要掌握各種相關技術。《續日本紀》記載，行基「親率弟子等，於諸要害處，造橋築陂」，顯示行基掌握各種土木技術，這也和行基師從道昭的經歷有關。道昭出身於掌握造船、架橋、鑿井技術的船氏家族；行基跟隨道昭傳道，從事社會公益事業，無疑有很多學習掌握這些技術的機會。行基修建的設施中，以池渠等灌溉設施居多，可以認為行基尤其擅長灌溉技術。

順便一提，飛鳥奈良時代不乏掌握特殊技能的僧侶；例如，隆觀擅長算曆，義法擅長占術，道慈擅長建築。

【註釋】

註一：修驗道是日本自古以來的山岳佛教信仰、主要受密教影響而成立的宗派，也稱為修驗本宗，修驗道的實踐者稱為修驗者或山伏。大約在奈良時代出現，役小角（役行者）被後人普遍追尊為開祖，平安時代以後信仰開始盛行。

註二：凝然，日本華嚴宗僧。伊勢（愛媛縣）人，俗姓藤原。十六歲於比叡山受菩薩戒，為東大寺戒壇院長老，並長住該寺，修律、台密、華嚴、唯識、三論、淨土、禪等各宗教義。後宇多天皇從師受菩薩戒，賜「凝然國師」之號。

著述甚多，有一千二百餘卷流傳於世。一般性之佛教著作有《八宗綱要》、《三國佛法傳通緣起》、《內典塵露章》等；此外，《淨土源流章》、《聲明源流記》等亦頗具價值。

《內典塵露章》概述日本十宗（南都六宗與天台、真言、淨土、禪宗）教義，並記各宗弘傳概況，與《八宗綱要》同為重要之日本佛教入門書。

# 第三章　行基和知識結

時有沙彌行基，捨俗離欲，弘法化迷，器宇聰敏，自然生知；內密菩薩儀，外現聲聞形。聖武天皇感於威德故，重信之。時人欽貴，美稱菩薩。

## 行基傳教和「知識結」

《墨子・號令》中有：

其有知識兄弟欲見之，為召，勿令入里巷中。

《呂氏春秋・遇合》中云：

人有大臭者，其親戚兄弟妻妾知識無能與居者，自苦而居海上。

孔融〈論盛孝章書〉中云：

海內知識，零落殆盡，惟有會稽盛孝章尚存。

上述漢典籍中的「知識」一詞，都是「友人」的意思。「知識」一詞，也被用於漢譯佛典之中，意指僧尼的友人，有時為安居的僧尼供養食物，有時提供建築草庵的材料。進而又產生了「善知識」一詞，是指聽從僧尼的勸化，為了結緣施捨財物、希冀往生淨土的善男善女。這些知識們結成的團體，稱為「知識結」。

知識結一般分為兩種類型：一種是由家族及親族組成的族緣關係的知識結，這種類型的知識結人數較少；另一種是由地緣關係組成的知識結，人數較多。尤其是後一種，知識結首領和一般知識有明顯的區別，大多是德高望重的僧尼。在古代社會，知識結參與的社會事業不斷擴大，經常組織建寺院、寫經、造佛像、懺悔法會、架橋等活動。

行基的生平，大致分前後兩個時期。首先，天智七年（六六八年）出生到養老七年（七二三年）為止是前期；這個時期的行基，作為山林修行者，以設置在生駒山麓的道場為據點，在平城京進行違法的托鉢行為，受到政府的打壓。

與此相對的後期，是以和泉、淀川、豬名川流域為中心，從事社會福利事業的時期。到了天平十五年（七四三年），〈大佛建立詔〉頒發後，在紫香樂開闢寺院領地，行基協助官府，「率弟子等，勸進眾庶」。行基作為社會活動家的印象，正是由這期間的一系列社會活動而來。因此，有必要分析這個時期，行基所從事的社會事業的特點，探討行基協助大佛營造的意義。

前文已經提及行基所從事的社會事業，建僧院三十四座、尼院十五座、架橋六座、直道一所、池十五所、溝七所、樋三所、船息二所、堀四所、布施屋九所等。《行基年譜》中，明確記載了僧院和尼院的所在地和建立年代，而其他設施建立年代不明。僧院和尼院的建立時間，大多數屬於後期，其中有對應的交通及灌溉設施，這些設施也應該屬於後期建立的。

關於行基如何建成了這些需要大量勞力的設施，《續日本紀》「天平二十一年（七四九年）二月二日」條記載：「親率弟子等，於諸要害處，造橋築陂；聞見所及，咸來加功，不日而成。」除此之外，其他文獻沒有更為詳細的記載。

行基著手從事社會事業，是從神龜二年（七二五年）在淀川架設山崎橋開始的；同年，在附近建立久修園院。天平三年（七三一年），又在山城國乙訓郡山前鄉建立山崎院。山崎橋的淀川左岸（南）一側是久修園院，右岸（北）一側是山崎院。從山崎院出土的文字瓦上的名字來看，有以山背國紀伊郡、宇治郡、攝津國嶋上郡為居住地的辛矢造、秦、秦前、佐為、林等氏族，有和泉、河內的津、阪本、林等豪族。由此可見，很多人參與了寺院建設，而行基的其他社會事業也應該如此。如此眾多民眾參與的社會事業，是這個時代廣泛使用的知識結之運作方式，行基的社會事業也採用了這種方法。

作為知識結參與的大規模活動事例，有天平二年（七三〇年）九月，在和泉監大鳥郡日下部鄉，優婆塞練信為大檀越，大鳥郡大領日下部首名麻呂等七〇九人（男二七六人、女四三三人）書寫《瑜伽師地論》。和泉監大鳥郡是行基的家鄉，此次活動應該與行基有關。

在行基當時活動的區域，經常舉行由眾多知識結參與的社會事業。和歌山伊都郡花園村舊藏，標記為天平勝寶六年（七五四年）書寫的《大般若經》，有參加寫經的知識名單，由河內國古市郡、安宿郡、志紀郡、高安郡、大縣郡的知識組成，跨越了郡的界限，分布範圍相當廣泛。優婆塞練信為大檀越的《瑜伽師地論》，知識分布也很有可能超越了大鳥郡的範圍。

從事社會事業的僧侶，並非只有行基，還有道登及道昭等人；可以想像，他們的事業也是這種形態。

民間知識參與佛教事業的例子廣為人知，在宮廷及官僚社會中也是如此。正倉院文書中，有藤原豐成捐獻六十勾絲造千手千眼菩薩的文書。這尊千手千眼菩薩像是由知識造，還有《千手千眼經》五十卷和《金光明經》五十卷也是由知識造，藤原豐成也加入知識結中。這份書狀是天平九年或者天平十年

（七三八年）書寫的；也就是說，這期間宮廷及其周邊有知識結，在從事造佛、寫經的活動。知識結並非只是民間組織，天皇的身邊也有知識。

## 行基社會事業的特點

行基生平後期的特徵是建設交通和灌溉設施，以及與這些設施對應的僧院和尼院。其中的交通設施建設，是基於福田思想。在中國的高僧傳中，能看到這種事例。

在日本，除了行基以外，也有從事這種事業的僧侶。尤其是架橋，有從此岸到達彼岸的宗教意義的隱喻，是僧侶中流行的事業。另外，「福田」原本是指接受布施者，後來意味著各種布施行為，在大乘經典中是菩薩行之一。行基所從事的灌溉設施建設，則是沒有先例的。以下分析行基灌溉事業的建設情況及其特點。

根據《行基年譜》，天平三年（七三一年），行基建立狹山池院，同時也在修建狹山池；天平四年十二月，政府修築狹山下池。也就是說，幾乎在同一時期，行基和律令政府，在同一地區完成同樣的事業。

修築水池對國家來說意味著什麼呢？根據《續日本紀》記載，官府築池的事例如下：

一、養老七年（七二三年）二月二十三日，始築矢田池。

二、天平四年（七三二年）十二年十七日，築河內國丹比郡狹山下池。

三、天平寶字八年（七六四年）八月十四日，遣使，於大和、河內、山背、近江、丹波、播磨、讚岐等國築池。

四、寶龜五年（七七四年）九月六日，於天下諸國修造溝池。九月二十五日，遣使於五畿內修造陂池。

五、寶龜六年（七七五年）十一月六日，遣使於五畿內修造溝池。

根據《續日本紀》記載，築池時期，無一例外都遭遇了旱魃（中國古代神話傳說中引起旱災的怪物）；也就是說，官府在旱魃後築池，是其主要的旱魃對策。與此相對的行基築池情況，以池所附屬的寺院年代來推測的話，和泉地區的築池年代，分別是神龜三年（七二六年）的檜尾池院、天平三年（七三一年）的狹山池院、天平六年（七三四年）的澄池院、天平九年（七三七年）的鶴田池院；其中，天平二年、天平四至六年、天平九年為旱魃時期。由此看來，行基築池也和官府築池相同，極有可能是為了應對旱魃。

可以說，行基築池的特點，與律令國家的築池特點一致；太平初年，行基在和泉開展的一系列活動，也具有與國家利益一致的側面。

太平初年，行基在難波從事的活動，也和律令國家的事業有關聯。行基在淀川河口的活動，是以挖壕溝和架橋為中心的交通設施建設，其中的壕溝與天平二年的善源院和善源尼院的建設相對應，是這個時期挖掘的。同一年建立的船息院和高瀨橋院，以及與其對應的大和田船塢、高瀨大橋等，都與難波宮的營造有關。高瀨大橋的建設年代無法確定，因其位於難波至山陽道的路上，當然也和難波宮有關係。奈良時代的難波京營造，是從藤原宇合（六九四年至七三七年）被任命為知造難波宮事的神龜三年（七二六年）開始的，到天平六年（七三四年）告一段落。從時間上來看，行基的一系列活動，應該與難波京營造有關。

天平八年（七三六年）八月八日，婆羅門僧正菩提僊那（七〇四年至七六〇年）來日，行基到難波迎接，《行基菩薩傳》記載：

乘船下去善源寺，於寺內，以二千餘蓮花莊嚴自餘，蓮浮於河水，迎道出居。俄爾之間，三僧乘船到來，一人波羅門僧正，一人林邑僧，一人大唐僧。

從內陸乘船而下，可以到達善源寺，其位置應該在河邊，從難波海乘船而來的菩提僊那一行，也可以抵達此處。善源寺應該面臨河水，可以停靠船隻，河水連接內陸和大海。

這座善源寺位於津守村的善源院，行基在此處開掘了比殼嶋堀川和白鷺嶋堀川。從土木設施和寺院的對應關係來看，善源寺面臨的河水，應該是這兩條人工開掘河其中的一條。

比殼嶋和白鷺嶋，相當於現在新淀川的右岸（北）和左岸（南）的姬島和鷺洲。新淀川是由中津川改造的河流，比殼嶋和白鷺嶋應該是中津川河口形成的沖積島。也就是說，比殼嶋堀川和白鷺嶋堀川是挖掘沖積島而成、連接大阪灣和中津川的水路，並在這裡建立了善源寺。雖然菩提僊那在善源寺會見行基不過是傳說；但是，這無疑說明，來自大阪灣的船能夠駛入比殼嶋堀川或者白鷺嶋堀川。

開掘比殼嶋堀川和白鷺嶋堀川，是開闢由瀨戶內海連接大阪灣和中津川水上交通的重要環節。在這個時期，行基修整中津川河口，是為了將其建設成瀨戶內海航線的樞紐，提升中津川水上交通的機能。《萬葉集》中，有關於這條航路的一首長歌並短歌：

天平五年、贈入唐使歌一首並短歌

作主未詳

從大和的奈良京
下難波到住吉
在御津乘船
直奔日落的唐國
遵從大君的派遣
說出口也敬畏
住吉的大神們
請坐鎮船頭
請守護船尾
航行過座座礁磯
停泊在各個港口
不遭遇狂風巨浪
平安導航歸來

返回到祖國

反歌一首

海裡的波浪

岸邊的波浪

別湧向你的船

直到航行歸來

停泊在御津

（《萬葉集》卷第十九，四二四五、四二四六）

從這兩首和歌可以看出，天平五年（七三三年），多治比真人廣成率領的第九次遣唐使船，至少有一部分是從這裡出航的。

行基不僅在難波的淀川河口建設交通設施，還在淀川中游的茨田郡修建壕溝和引水渠等水利工程，可以說是對淀川的整體開發。這些工程都和難波京營造有關聯，也是律令制國家都城綜合建設項目中的一個重要環節。

行基在和泉國的活動，主要是修建抗旱的蓄水池。在營造難波京之際，挖掘航路與修水利，這些建設事業與政府的決策密切相關；行基在協助營造大佛之前，其諸多活動已經和政府互動。在與國家政策緊密聯繫這一點上來說，行基是利用知識結在民間開展佛教活動的最傑出人物；這也是大佛營造之際，政府啟用行基的重要原因。

## 大佛營造和知識結

日本古代最大的國家項目是營造東大寺盧舍那大佛，這項工程是利用知識團體之力量完成的。

天平十五年（七四三年）十月十六日，聖武天皇頒發了大佛營造的詔令；此詔令的一大特徵是以聖武天皇為中心，利用知識團體來推動這項事業。聖武天皇想利用的知識團體，並不局限於宮廷和貴族階層的知識，更主要的是想依靠平民階層的知識團體。

《續日本紀》記載，同月的十九日，在近江國紫香樂開闢寺院領地；此時，行基率領弟子勸進民眾協助大佛營造。大佛營造不僅僅是依靠知識結的力量完成的，還動用了律令政府的財政機構；也就是說，大佛營造是沿用國家負擔體系的方法，與知識結相結合的方法完成的。

《東大寺要錄》引用的《造寺財木知識記》，反映出利用知識結營造大佛的一些具體情況，包括：材木知識五萬一千五百九十人、役夫一百六十六萬五千零七十一、金知識三十七萬二千零七十五、役夫五十一萬四千九百零二人。這份資料詳細列出負責材木和金銅知識的人數，以及基於律令制的勞役人數；這充分反映出，東大寺大佛營造，是由律令制國家的負擔體系，與知識相結合之方式所完成的。

「材木知識」是指使用材木營造伽藍建築的知識結，「金知識」是指使用金屬鑄造大佛的知識結。開始營造東大寺時，成立了負責伽藍建設的造東大寺司，以及負責鑄造大佛的造佛司，前者負責木材，後者負責金屬。由這份資料可以推算出，參與建造東大寺和鑄造大佛的知識人數與律令制勞役的比例：鑄造大佛的總人數是八十萬六千九百七十七人，其中知識為三十七萬二千零七十五，知識占總人數的百分之四十二；建造寺院的總人數是一百七十一萬六千六百六十一人，其中知識為五萬一千五百九十人，占總人數的百分之三。

由此顯示出，隨著東大寺伽藍建設的推進，律令國家的負擔越來越沉重，不得不號召知識結作為勞動力，直接參加伽藍和大佛的營造事業。

關於知識從事勞動的文獻，還有正倉院文書中保留的天平勝寶二年（七五〇年）五月二十七日的《掃部寺造御塔所解》。這份文獻中，記載了造東大寺司下屬的掃部寺造御塔所，向造東大寺司報告六位知識優婆塞的勤務日數；由此可以確認，造東大寺司所屬機構中，有知識優婆塞從事勞動。

優婆塞是在家信者，實際上是出家得度前的修行者。當時，想出家得度的優婆塞，需要向政府提出得度審查；正倉院文書中保留的〈優婆塞貢進文〉，有出家得度前服勞役的例子。從上述事例來看，作為知識參加大佛營造，也有通過勞役獲得得度認可的因素。

知識們除了參與勞動外，還捐獻財物。正倉院文書中的《造寺材木知識記》記載，作為「奉加財物人」，有利波志留志、河俣人麻呂、物部子嶋、甲賀真束、少田根成、陽侯真身、田邊廣成、板茂真鈞、漆部伊波、大友國麻呂的名字。其中，大友國麻呂捐獻的知識物，賣出六百九十四貫八百六十文。

天平十七年（七四五年）到天平勝寶二年（七五〇年），造東大寺司及其前身機構，將從各處獲得捐獻的財物，以及變賣捐獻物品獲得的金錢，製作出收納表〈種種收納錢注文〉，其中記錄的捐獻財物，有的記錄了知識的名字，有的則沒有記錄。〈種種收納錢注文〉中，署名的捐獻財物有：

一、來自諸國及大宰府的捐獻：伊予國知識物、大宰府進知識物、津國知識；

二、來自官司的捐獻：右衛府知識物、雅樂寮知識；

三、有來自知識個人的捐獻：中衛凡海部高足引集進知識物、舍人狛廣國知識、鵤寺僧泰鏡知識、吉備部兄萬呂知識、藤原朝臣古袁波知識。

其中，有捐獻二文錢的人，顯示出聖武天皇詔中所說「如更有人，情願持一枝草、一把土助造像者，恣聽之」的真實情況。

另外，與通過勞役可以獲得出家得度的許可一樣，捐獻財物也可以獲得位階。

在大佛營造的事業中，知識們捐獻財物，或者提供勞力。通過〈種種收納錢注文〉的記載，可以看出知識們是如何將捐獻的財物集中起來。例如，關於大友國麻呂的捐獻，沒有記錄為知識，但在《續日本紀》「天平二十年（七四八年）二月二十二日」條中有：

壬戌，進知識物人等，外大初位下物部連族子嶋，外從六位下田可臣真束，外少初位上大友國麻呂，從七位上漆部伊波，並授外從五位下。

這裡明確記載，大友國麻呂、物部連族子嶋、田可臣真束、漆部伊波同為「進知識物人」；可以確認，大友國麻呂的捐獻，是作為知識的行為。雖然〈種種收納錢注文〉中，沒有記錄大友國麻呂是知識，但不能說他沒有加入到知識中。和大友國麻呂同樣，還有其他只記錄個人名字的事例，這些人應該也都加入到了大佛營造的知識之中。

〈種種收納錢注文〉中，沒有將他們標注為「知識」，因為是個人捐獻，其中標注為「知識」的應該不是個人，意味著是多人一起捐獻的財物，只有多人參加的知識結之捐獻標注為知識；也就是說，記錄個人名字的知識，並不是以個人為單位，而是由其個人徵集來的知識物，這在「中衛凡海部高足引集進知識物」中顯示出端倪。舍人狛廣國、鵤寺僧泰鏡、吉備部兄萬呂、藤原朝臣古袁波，也都是知識結中的領袖人物。

大佛營造中的知識，首先是作為知識在營造機構從事勞動。關於財物的捐獻，既有個人直接捐獻的情況，也有參加小規模的知識結一同捐獻的情況。知識結的組成有各式各樣，既有諸國、大宰府、官司結成的，也有個人發起結成的。另外，聖武天皇詔中強調：

此詔，對有意協助者，採包攝態度，異於以往。國郡等司，莫因此事侵擾百姓強令收斂。布告遐邇，知朕意焉。

聖武天皇特別提示，禁止國郡等地方行政機構強行征納，不希望透過地方政府來獲取對大佛營造的協助。應該注意的是，諸國、大宰府、官司捐獻的知識物，不一定是信奉佛教的知識所捐獻，很可能是官員們為了回應聖武天皇的詔令而捐獻的。

行基「勸進眾庶」參與大佛營造，具體內容無非是勸進民眾捐獻財物、以及提供勞動力。官府希望得到行基的協助，一定是有原因的。

首先，前文提到貴族階層中的知識有造佛和寫經的先例，將他們作為營造大佛的知識組織起來，也是相對容易的事情。另外，官員階層可以通過行政機構來組織知識，沒有必要依靠行基的勸進。問題是，勸進除此之外的地方豪族等平民階層的知識，並且將他們組織起來參與大佛營造；尤其是，繞過國郡等行政機構，組織平民知識捐獻財物奉獻勞力，是極為困難的事情，這正是律令制政府期待行基完成的任務。

從〈種種收納錢注文〉的記載來看，有平民直接捐獻的財物，有參加僧俗知識結捐獻的財物。這應該是在行基等人的勸進下，直接捐獻知識物；還有以行基的弟子為中心，在不同地域結成知識結，一同捐獻財物。規模較小的知識結，上述史料中有舍人狛廣國、鵤寺僧泰鏡、吉備部兄萬呂、藤原朝臣古袁波等；雖然不能確定是行基的弟子，其中無疑有很多與行基有關係的知識，這些都是行基積極協助大佛營造的結果。

## 天皇和行基

行基協助政府實現大佛營造事業，具體的做法就是將平民組織起來成為營造大佛的知識。從天平初年開始，行基在難波等地，開展輔助律令制國家規劃的大規模社會事業；協助大佛營造，可以說是這一系列社會事業的延續。

行基在太平初年的活動，雖說與國家的事業有密切關聯，但還沒有產生以天皇為中心的知識結的想法。從這一點上來說，行基協助大佛營造活動的性質，與此前從事的各種活動完全不同。

行基開展之與國家事業有關聯的活動，除了難波以外，在營造恭仁京之際，也能夠得到確認，這就是建立泉橋院和架設泉大橋。

泉大橋是架設在木津川上的橋，泉橋院位於其北岸。根據《行基年譜》記載，泉橋院是天平十二年（七四〇年）建立的，泉大橋也於同時期架設。越過泉大橋是南北向的道路，處於恭仁京右京的中軸線上，這座橋與恭仁京的規劃密切相關。正式啟動恭仁京的建設是天平十二年十二月；同年五月，聖武天皇行幸橘諸兄的相樂別業，這應該是遷都的前兆。由此看來，天平十二年的上半年，恭仁京的營造計畫已經完成。

行基的泉橋院和泉大橋的建設，實際上是恭仁京營造的一環。行基在恭仁京的活動，與在難波治水、開發交通設施相同，都和都城營造相關聯。

前文提及，東大寺大佛營造是借助知識的力量完成的事業，具體做法是向大佛營造捐獻金錢和物品，或者提供勞動力；再通過律令制的負擔體系，讓營造官司使用這些金錢、物品、勞動力。

應該注意的是，也有政府向知識輸送利益的情況，亦即向大宗捐獻者敘位，允許從事勞役的優婆塞（居士）出家得度。這種運作形式，在恭仁京營造之際也施行過。例如，在賀世山東河架橋時，有諸國的優婆塞參加建設，並獲得出家得度的許可。《續日本紀》「天平十三年十月十六日」條中有記載：

> 癸巳，賀世山東河造橋。始自七月，至今月乃成。召畿內及諸國優婆塞等役之，隨成令得度，惣七百五十人。

這與大佛營造時的知識優婆塞的待遇相同。另外，還有敘位、賜姓、賜物的情況，《續日本紀》「天平十四年八月五日」條記載：

> 丁丑，詔授造宮錄正八位下秦下嶋麻呂，從四位下。賜太秦公之姓，並錢一百貫，絁一百疋，布二百端，綿二百屯，以築大宮垣也。

由此可見，恭仁京營造和大佛營造有相似的情況，可以說是其先行形態。大佛營造來自聖武天皇的意志，其中也包含發動知識力量的想法。恭仁遷都也是基於聖武天皇的意願；對聖武天皇來說，這兩者意義是相同的。

重要的是，行基與聖武天皇有個人聯繫，這在《續日本紀》「天平勝寶元年二月二日」條中有記載：

豐櫻彥天皇甚敬重焉。詔，授大僧正之位。

〈大僧正舍利瓶記〉記載：

遂得聖朝崇敬，法侶歸服。天平十七年，別授大僧正之任，並施百戶之封，於時僧綱已備，特居其上。

《日本靈異記．中卷．第七話「智者誹妬變化聖人而現至閻羅闕受地獄苦」》中，也有聖武天皇重用行基的生動描述：

時有沙彌行基，捨俗離欲，弘法化迷，器宇聰敏，自然生知；內密菩薩儀，外現聲聞形。聖武天皇感於威德故，重信之。時人欽貴，美稱菩薩。以天平十六年甲申冬十一月，任大僧正。

聖武天皇重用行基，引來智光法師的嫉妒，詆毀道：

吾是智人，行基是沙彌，何故天皇不齒智，唯譽沙彌而用焉？

這些不同系統的史料，都明確反映出聖武天皇皈依行基；因此，啟用行基也極有可能是聖武天皇本人的決定；尤其是大佛營造事業，必須發揮行基的影響力勸進知識參與。

東大寺大佛營造的最終目的，還是維護天皇及貴族階層的利益，這是律令制國家佛教不可動搖的原則。正如聖武天皇在天平十五年頒布的〈東大寺大佛建立詔〉中，向天下昭示的那樣：

天下之富者朕也，有天下之勢者朕也。

# 第四章　建設平城京和設置布施屋

諸國役民，還鄉之日，食糧絕乏，多饑道路，轉填溝壑，其類不少。國司等宜勤加撫養，量賑恤；如有死者，且加埋葬。

## 腳夫、役夫的疾苦

和銅元年（七〇八年），由藤原不比等（六五九年至七二〇年）建議，開始建設平城京（位於今奈良市西郊）。和銅三年（七一〇年）三月，還都平城京後，都城建設還在持續。過酷的負擔和勞役，致使很多腳夫饑餒而死，大量役夫、衛士從都城建設工地逃亡。和銅四年九月四日的敕中云：

諸國役民，勞於造都，奔亡尤多，雖禁不止。

役夫們回鄉時，往往餓斃途中。如和銅五年正月十六日的詔中云：

諸國役民，還鄉之日，食糧絕乏，多饑道路，轉填溝壑，其類不少。國司等宜勤加撫養，量賑恤；如有死者，且加埋葬。

同年十月二十九日的詔中則云：

諸國役夫及運腳者，還鄉之日，糧食乏少，無由得達。宜下割郡稻，別貯便地，隨役夫到，任令交易。又令行旅人必齎錢為資，因息重擔之勞，亦知用錢之便。

和銅六年三月十九日的詔中云：

諸國之地，江山遐阻，負擔之輩，久苦行役。具備資糧，闕納貢之恆數，減損重負，恐饉路之不少。……宜國郡司等，募豪富家，置米路側，任其賣買。

靈龜二年（七一六年）四月二十日的詔中云：

入京人夫，衣服破弊，菜色尤多。

和銅四年到靈龜二年的詔敕中，記錄了建造平城京腳夫和役夫的困苦——缺衣少食、路有餓殍，令政府傷透腦筋。

根據令制，農民負擔的租（田租）庸（納絹代役）調（人頭稅），在米、絹、布的基礎上，此外還有鐵、鹽、鮑魚等雜物，數目繁多，令人咋舌。除了稻米作為正稅留在諸國衙以外，舂米及調庸、雜物，必須在規定日期之前運送到都城，腳夫及食物也是全部由課戶們均攤。使用人力、馬、車、船等方式運輸，以陸運為主。運送舂米和雜物的腳夫可以領到食物，運送調庸的腳夫則領不到食物。至於投宿，連官位相當於國司的調使，也沒有資格使用驛站，腳夫的情況可想而知。

上述詔書中，值得注意的是，比起上京，腳夫、役夫們返回家鄉的路上餓死的情況更多。這是因為政府會想方設法將調庸運送到京城，一旦接到調庸，他們便被遣散回鄉。

和銅至靈龜時期（七〇八年至七一五年），國家嚴格執行律令制，無視人民的疾苦。輝煌的都城是由上京的役夫們建造的，絢爛的都城文化是由地方源源不斷進貢的調庸及各種物品維繫的，通往京城的交通設施卻極不完善。行基建立的布施屋，是解決腳夫和役夫旅途困苦的設施。

律令制下的農民，在肩負租、調、庸、雜徭的同時，還承擔兵役及臨時勞役，這些是他們疲於奔命的最重要的原因。《續日本紀》等史料，記載了營造平城京搬運調庸，給平民帶來的苦難。尤其是和銅年間（七〇八年至七一五年），營造平城京的臨時勞役急劇增加，這個時期對農民的壓榨格外顯著。

隨著生活負擔不斷加重，養老元年（七一七年）開始，農民們以流浪、逃亡的手段進行抵抗，或者作為上級貴族的勞動力被私自使用，或者隨意成為僧侶避免課稅。這些現象，與公民制和佛教統制的維護產生了矛盾。

《萬葉集》中，也有反映當時農民的生活及心情的和歌。在卷五的〈貧窮問答歌一首並短歌〉中，山上憶良（六六〇年至七三三年）採用貧者和窮者同士對話的形式詠唱，試圖將庶民貧困生活的實相訴諸朝廷：

風雨交加的夜晚　雨雪交加的夜晚　無法抵禦天寒

舔食粗鹽巴　啜飲酒糟湯

咳嗽聲聲不斷　鼻子噓溜作響
手捋鬍鬚自誇　沒有更強的硬漢
可是依舊寒冷
蓋上粗麻被　披上破坎肩
能禦寒的東西　層層壓在身上
如此寒冷的夜晚
比我更貧窮的人　父母在忍受饑寒　妻兒哭著乞求
眼下你該怎麼過啊
天地無比寬廣　為何屬於我的　竟如此狹小
日月無比明亮　為何照不到我身上
是眾人都這樣嗎　還是只有我如此
有緣投生人世　生得和別人一樣
沒有棉花的坎肩　海松般破爛不堪　胡亂披在肩上

搖搖欲傾的草屋　地上鋪著蒿草

父母在枕旁　妻兒在腳下　圍在一起嘆息

灶中沒有炭火　蒸屜結滿蛛網　已忘記怎麼做飯

如畫眉一般呻吟

如同雪上加霜　鄉長持鞭而來　站在門前怒喝

為何如此無奈　人世間的生活

雖然世上艱辛　令人感到羞辱

可是不能飛走　因為不是鳥兒

山上憶良頓首謹上。

（《萬葉集》卷第五，八九二、八九三）

《萬葉集》的編者大伴家持（？年至七八五年），記錄了通過防人部領使收集到的防人（農兵）及其家人的和歌一百七十六首，從中選出八十四首，內容多涉及親人離別之苦。當時，為了防備大唐和新羅的進攻，日本中央朝廷在對馬、壹歧及北九洲沿岸配置了防軍，共約三千人。這三千人輪流執行防守任務，武器和到難波的旅費自行解決；各國司率領兵士在難波港集合後，由專使領至大宰府，交給防人司管理。

能有空晝阿妹
我在旅途上
邊看邊思戀
遵從大君的旨令
穿過礁叢航海
將父母留在家中
留下揪住韓衣裾
哭號不休的孩子
又沒有母親照料
（《萬葉集》卷第二十，四三二七、四三二八、四四〇一）

## 設置布施屋

為了解決腳夫、役民之苦，行基帶領民眾設置布施屋。布施屋只是作為投宿設施，並不能充分實現其功能；苦於饑渴的腳夫、役夫希望得到食物，單純依靠行基和貧苦農民，無法解決建造及準備食物的問題，必須有豪族的援助。行上述和銅六年三月十九日的詔中，可以看到政府倡議「豪富家」進行援助。行基的布施屋設施以及食物發放，應該是由豪族捐贈的。

問題是，豪族為何捐款？因為，開發池渠不僅僅是為了平民，也給豪族帶來了利益；或者說是，豪族得到行基的指示，驅使平民勞力建造溝渠。

布施屋是為了搬運調庸等上京的貧民修建的設施，並不能為豪族帶來實際利益；因此，豪族為何捐助成為問題。這個問題，可以在《續日本紀》中找到答案。天平六年（七三四年）六月十四日、寶字八年（七六四年）三月二十二日、神護景雲二年（七六八年）五月二十八日、寶龜二年（七七一年）三月四日、寶龜十一年（七八〇年）七月二十二日、延曆五年（七八六年）十月二十一日等條目中，有豪族向農民發放私家稻米以減輕農民負擔的記載；豪族們經常對農民施以恩惠，可增加自身的聲望。從行基與豪族保持密切關係這一點來看，也不難理解布施屋的設置與維持得到豪族們的協助。

根據《行基年譜》，行基設置的布施屋地點及地理情況如下：

（一）**大江布施屋**

大江布施屋位於山城國乙訓郡大江里，大江（京都府乙訓郡）臨近山城和丹波，是山陰道的要衝。

寬文九年（一六一九年）的刊本《日本書紀》記載，天武八年（六七九年），在此處設關。《續日本後紀》記載，承和九年（八四二年）七月，伴健岑、橘逸勢等人謀反，在固守山城五道時，侍從清原秋雄防守的大枝道就在大江。

（二）**泉寺布施屋**

泉寺布施屋位於山城國相樂郡高麗里，泉寺（京都府相樂郡山城町）也稱為泉橋寺、泉橋院，是行基於天平十二年（七四〇年）在泉川（木津川）北岸建立的寺院，在恭仁京之西兩公里。

泉川發源於伊賀（三重縣）山中，在京都府八幡町與澱川匯合。泉川沿岸有很多前方後圓古墳，還出土了很多古鏡。另外，《日本書紀》「仁德十二年（三二四年）十一月」條中記載，在此地挖掘栗隈溝，以排洩下游低澇地區的積水。

《萬葉集》中，持統七年（六九三年）創作的〈藤原宮制役民作歌〉，詠唱了從田上山砍伐木材，利用宇治川放流木至木津（京都府綴喜郡），再由陸路運送到藤原京的情形：

御統天下的大君
是光明的日神之子
在藤原宮治理國家

建造高大的宮殿
如神靈一樣英明
感召天地眾神
近江國的田上山
砍伐筆直的檜木
順宇治川水漂流
打撈流木的役夫
忘我不顧家事
如野鴨忙碌於水面
建造太陽的宮殿
讓異國臣服
巨勢道上現神龜
背負吉祥的圖案

顯示我國是仙境
祝福新的時代
運到泉川的檜木
捆成堅固的木筏
役夫們逆流而上
一片繁忙的景象
正合神的意願

右、日本紀曰、朱鳥七年癸巳秋八月、幸藤原宮地。八年甲午春正月、幸藤原宮。冬十二月庚戌朔乙卯、遷居藤原宮。

（《萬葉集》卷第一，五〇）

近江國田上山，位於滋賀縣栗太郡，產優質良材，當時宮中設有專門的製材機構。宇治川從琵琶湖發源的瀨田川，流入京都府宇治郡境內的一段被稱為宇治川，河水注入淀川。巨勢位於今奈良縣御所的東端，當時未在大和的統治境內。泉川，即今天的木津川。當時，宇治川和泉川的匯流處，有巨大的巨椋池。流入巨椋池的圓木接著逆流而上，在上流處經過一段陸路後，順佐保川流下，然後從佐保川和泊瀨川的匯流處，逆流沿泊瀨川而上，被運至藤原。歌中提及的「朱鳥七年」，即持統七年。

行基的泉寺布施屋，或許是天平十二年建造泉寺前後設置的，也有可能是平城遷都前後設置的。因為，和銅四年（七一一年）設置的岡田、山本驛站，與平城京的營造及遷都有關，腳夫和役夫當時的往來非常頻繁。

## （三）崐屋布施屋

崐屋布施屋，位於攝津國河邊郡崐屋里；崐屋也寫成昆陽（兵庫縣伊丹市），是西國街道的要地，近世設有驛站。《行基年譜》記載，行基在此設置崐屋施院。《日本後紀》「弘仁三年（八一二年）八月二十八日」條記載，行基在攝津國，為惸（無兄弟手足者）獨鰥寡者設置了一百五十町（約一百五十公頃）惇獨田，在這裡從事宗教活動和社會福利事業。

**（四）垂水布施屋**

垂水布施屋，位於攝津國豐嶋郡垂水里，《行基年譜》中的「垂氷」應該是「垂水」之誤。垂水（大阪府吹田市豐津附近）位於西國街道沿線，在此分出一條通往大阪（大阪的古稱）的道路。

**（五）度布施屋**

度布施屋，位於攝津國西成郡津守里；《行基年譜》中的「西城郡」應是「西成郡」之誤。

津守（大阪西成區）古時是難波村、今宮村、木津村一帶的地名，是海邊渡口。《萬葉集》中也有與此地相關的和歌；例如，大津皇子竊婚石川女郎時，津守連通占露其事，皇子御作歌一首：

正如津守的占卜
我們二人已同寢
（《萬葉集》卷第二，一〇九）

大津皇子奔放不羈的個性和大膽的告白，刺傷了草壁皇子生母、持統天皇的感情，因此才招致殺身之禍。

## （六）楠葉布施屋

楠葉布施屋，位於河內國交野郡楠葉里，楠葉（大阪府枚方市）在淀川的左岸。《古事記》中為「久須婆度」；「久須婆」是「楠葉」的萬葉假名，「度」即渡。和銅四年（七一一年），在此設置驛站。

驛站的設置和平城遷都有關，同時新設置的驛站還有岡田驛、山本驛、大原驛、殖村驛、新家驛，此後被廢置。而九〇五年編撰的《延喜式》中，仍然可以看到楠葉驛，此地在交通上的重要性並沒有隨著時代變化而改變。

## （七）石原布施屋

石原布施屋，位於河內國丹比郡石原里，《行基年譜》中寫成「石原」，也寫成「在原」，「在原」應該是「石原」之誤。

石原（堺市）在仁德天皇（三一三年至三九九年）陵之東五公里處，處於竹內街道上，連接野遠和西高野街道的位置。

仁德天皇陵的全名是「百舌鳥耳原中陵」，位於今天日本堺市大仙町，墓主真實身分不明，日本傳統上將之比附為仁德天皇。這座前方後圓古墳是日本全國規模最大的古墳，與埃及古夫金字塔、中國秦始皇陵，並稱為世界三大陵墓。

## （八）大鳥布施屋

大鳥布施屋，位於和泉國大鳥郡大鳥里；「大鳥」是《和名抄》中的大鳥鄉，現在的堺市鳳町。這裡有大鳥神社，是豪族大鳥氏的居住地。官道由攝津南下進入和泉，經過鹽穴、石津到達這裡，再經過草部驛、和泉國府、呼唹驛通往紀伊。

大鳥郡是行基父親方面的高志氏及母親方面的蜂田氏的居住地高石、蜂田所在的郡。根據《行基年譜》記載，行基在大鳥建立了神鳳寺，這附近是行基活動過的地域。現在大鳥還有布施里，應該是行基建立的布施屋所在地。

## （九）野中布施屋

野中布施屋，位於和泉國大鳥郡土師里；土師（堺市）是從事陶器製造和凶禮事務的土師氏的居住地。神龜四年（七二七年），行基六十歲時，開始在這裡建造大野寺。

平成十至十四年（一九九八年至二〇〇二年），在對大野寺所屬的土塔遺跡進行挖掘調查時，出土了大量文字瓦，瓦上寫有土師宿禰、土師宿禰茅、土師知足的名字。由此可見，土師氏族協助行基修建寺院。

土師附近有很多與行基相關的遺跡。大野寺距土師東南方一公里，家原寺在其西方二點五公里處，沿西高野街道向東南行進六公里是狹山池。

## 高石的大工村

設置布施屋是行基社會活動的一大特色；問題是，修建這些布施屋以及相當多的道場，是行基自身掌握建築技術，還是他率領了一批掌握技術的工匠？《日本書紀》記載，舒明天皇十一年（六三九年）七月，在百濟川河畔建造百濟宮和百濟大寺時，「西民造宮，東民造寺，便以書直縣為大匠。」大匠是工匠之長。或許可以通過這段記載推測，書氏掌握高超的建築技術，在這種氏族環境中成長起來的行基也掌握建築技術。

但是，書氏無疑是以文筆見長，僅憑這段記載，還不能確定書氏也掌握建築技術，或許書直縣不過是管理工匠的官員。因此，無法斷言行基掌握建築技術。

也有確實掌握建築技術的僧侶，比如道慈（？年至七四四年）。《續日本紀》「天平十六年（七四四年）十月二日」條記載：

> 遷造大安寺於平城，敕法師（道慈）勾當其事，法師尤妙工巧，構作形制皆稟其規模。所有匠手，莫不歎服焉。

《菩薩地持經》、《瑜伽師地論》等經典都重視「五明」，即內明（佛教哲學）、醫方明（醫學）、聲明（音韻、聲律學）、因明（邏輯學）、工巧明（建築、工藝學）。《續日本紀》中所說的「工巧」，是指五明之一的工巧明，因為道慈掌握建築技術。而《續日本紀》的〈行基傳〉中，沒有顯示行基掌握建築技術的記載。

行基修建了很多布施屋和道場。根據《行基年譜》，例如天平三年（七三一年）這一年中，在山城建立四院、攝津兩院、河內兩院、大和一院。一年中在各地修建如此多的道場，即使非常簡易，都會使人聯想到行基動員掌握建築技術的人，建造了這些建築；但是，並不能夠證實此事為確切的記載。

有意思的是，在行基父親家族高志氏的居住地高石，有一個大工村，村民們稱自己是行基率領的工匠之後世子孫。大工村中，姓河合的人家有二十四戶，到明治維新前後為止，擔任建造維修京都禦所皇居的工作。到明治四十二年（一九〇九年）為止，在村內的八榮神社舉行祭祀素盞鳴命（素盞鳴尊，日本神話之重要神祇）的活動，稱為「天王講」，有工匠組織以及共有田地。

另外，明和八年（一七七一年），家原寺的中室院改建的時候，在房梁上發現了建築記錄「棟笥」；棟笥上記載，「當國（和泉）高石縣大工村頭領八田吉兵衛、同村角兵衛」。

家原寺原本是行基誕生的母親方面的家宅，後來由行基改建為家原寺，家原寺是由高石的工匠承建的。高石是行基父方氏族的居住地，再從工匠團隊是相當獨立的組織來看，可以理解高石作為行基之工匠弟子住地的緣由。

# 第五章　遭受打壓

教化眾生，道俗慕化追從者，動以千記。所行之處，聞和尚來，巷無居人，爭來禮拜；隨器誘導，咸趣於善。

## 僧尼令

行基的傳道和社會福利事業，是從八世紀初開始的。《續日本紀》「天平勝寶元年（七四九年）二月二日」條記載：

教化眾生，道俗慕化追從者，動以千記，所行之處，聞和尚來，巷無居人，爭來禮拜，隨器誘導，咸趣於善。又親率弟子等，於諸要害處，造橋築陂，聞見所及，咸來加功，不日而成。

行基在民眾中間具有相當大的影響力；但是，這種造福社會的公益事業沒有能夠順利持續下去。養老元年（七一七年）四月二十三日，天皇下詔：

> 凡僧尼，寂居寺家，受教傳道。准令云，其有乞食者，三綱（僧正、僧都、律師）連署，午前捧鉢告乞，不得因此更乞餘物。方今，小僧行基並弟子等，零疊街衢，妄說罪福，合構朋黨，焚剝指臂，曆門假說，強乞餘物，詐稱聖道，妖惑百姓，道俗擾亂，四民棄業，進違釋教，退犯法令。

詔令中，行基被貶為「小僧」，行基的社會活動也被指責違犯僧尼令，並被命令在寺院寂居傳道。「焚剝指臂」是燃臂、燃指；《梵網菩薩戒經》中的「輕垢戒」第十六條說：「若不燒身臂指供養諸佛，非出家菩薩。」《法華經》中的〈藥王菩薩本事品〉也有燃身供佛的記載：

> 若有發心欲得阿耨多羅三藐三菩提者，能燃頭指乃至足一指供養佛塔，勝於國城妻子及三千大千國土、山森河池、諸珍寶物而供養者。

奈良時代有捨身行的事例，行基及其弟子燃臂、燃指的行為並非特例。詔令應是為了確保農民納貢，以此為藉口讓行基與農民隔離。

《僧尼令》的第五條規定：

非寺院條：凡僧尼，非在寺院別立道場聚眾教化，並妄說罪福及毆擊長宿者，皆還俗。國郡官司，知而不禁止者，依律科罪。其有乞食者，三綱連署，經國郡司勘知精進練行判許。京內仍經玄蕃知，並須午以前，捧鉢告乞，不得霰。因此更乞餘物。

《僧尼令》的第十三條還規定：

僧行條：凡僧尼，有禪行、修道、意樂、寂靜，不交於俗，欲求山居服餌齋者，三綱連署。在京者，僧綱經玄蕃。在外者，三綱經國郡。勘實並錄，申官判下。山居所隸國郡，每知在山不得霰別向他處。

上述條文，規定禁止寺院以外的僧尼宗教活動，僅允許官僧寂居寺院祈禱國泰民安，沒有獎勵僧尼積極向民間傳道的條文。養老二年（七一八年），太政官又向僧綱下令：

凡諸僧徒，勿使浮遊。或講論眾理，學習諸義；或唱誦經文，修道禪行。各令分業，皆得其道。

政府嚴格限制出家，是為了控制具有免除課役特權的僧尼人數增大。對僧尼還俗也有嚴格規定，《僧尼令》的第三「自還俗」條：

凡僧尼自還俗者，三綱錄其貫。屬京經僧綱，自餘經國司，並申省除付。若三綱及師主，隱而不申，三十日以上，五十日苦使；六十日以上，百日苦使。

僧尼還俗，在取消僧尼名籍的同時，必須登錄新的戶籍。對隱瞞還俗者的三綱及師主施行處罰，其目的是確保還俗者承擔租庸調。另外，對僧尼的侍者也有限制，如《僧尼令》第六「取童子」條云：

凡僧聽近親鄉里，取信心童子，供侍年至十七，各還本色。其尼，取婦女情願者。

「取童子」為僧侶侍者。此條將依法納稅服役的課口中的少丁（十七歲至二十歲的男子）、正丁（二十一歲至六十歲的男子）、老丁（六十一歲至六十五歲的男子），全部排除在成為僧侶侍者的資格之外，年至少丁的年齡則還俗。女子也同樣，根據其意願隨人還俗。

大化革新及律令制的思想背景，大體上是個人服從國家權力的儒家思想。編撰律令的人中，有箭集宿禰蟲麻呂及鹽屋古麻呂等在大學寮中從事明法道教學的明法博士，是些大名鼎鼎的儒臣，其內容可想而知。作為律令一環的《僧尼令》，也是以儒家思想為本位，對僧尼的行動採取干涉的態度。《僧尼令》第一「觀玄象」條，就是對下述行為的科罪：

觀玄象條：凡僧尼，上觀玄象，假說災祥，語及國家，妖惑百姓，並習讀兵書，殺人奸盜，及詐稱得聖道，並依法律付官司科罪。

《僧尼令》第二「卜相吉凶」條，強令占卜行巫醫者還俗：

卜相吉凶條：凡僧尼，卜相吉凶及小道巫術療病者，皆還俗。其依佛法持咒、救疾，不在禁限。

由上述這些規定可以看出，當時的政治家們更期待通過儒家思想來維護國家秩序。但是，民眾擺脫貧窮和煩惱的渴望是無法消除的；行基積極推動傳道和社會福利事業，正順應了這種希望得到救濟的要求。行基出家後不久，研讀的《瑜伽師地論》，強調化導無量眾生令苦寂滅，《成唯識論》重視與小乘戒形成對照的大乘戒菩薩行，這些教義在行基的民間活動中被具體化。

民眾爭先恐後聚集到行基身邊的勢頭，令政府十分驚恐；因此，對行基的活動進行打壓。從《行基年譜》中可以看出，養老元年（七一七年），行基一座道場也沒有修建，反映出了行基遭受到強力的抑制。

養老四年（七二〇年），政府開始施行向僧尼頒發身分證明書的公驗制度。此後，公驗制度變得越來越繁瑣，意在禁止人們為了免除課役而成為僧尼。同年八月三日的詔中有：

治部省奏，授公驗，僧尼多有濫吹；唯成學業者一十五人宜授公驗，自餘停之。

神龜元年（七二四年）十月丁亥朔，治部省奏言：

勘檢京及諸國僧尼名籍，或入道元由，被陳不明，或名存綱帳，還落官籍，或形貌誌黶，既不相當。總一千一百二十二人，准量格式，合給公驗，不知處分，伏聽天裁。

詔報曰：

白鳳以來，朱雀以前，年代玄遠，尋問難明，亦所司記注，多有粗略，一定見名，仍給公驗。

治部省的奏言，得到的詔令是「一定見名，仍給公驗」。在此之前的養老六年（七二二年）七月十日，太政官上奏：

近在京僧尼，以淺識輕智，巧說罪福之因果，不練戒律，詐誘都里之眾庶。內黷聖教，外虧皇猷。遂令人之妻子剃髮刻膚，動稱佛法，輒離室家；無懲綱紀，不顧親夫。或負經捧鉢，乞食於街衢之間；或偽誦邪說，寄落於村邑之中。聚宿為常，妖訛成群。初似修道，終挾姦亂。永言其弊，特須禁斷。

太政官上奏的處置方法，得到天皇的「可之」。由此可見，在追隨行基的人群中，原本就既有單純的信佛者，也有以僧尼面目出現的逃避租稅者。

## 再度出山

養老元年，遭受打壓後的十餘年間，《續日本紀》中沒有出現行基的名字，再度出現是天平三年（七三一年）八月七日：

> 詔曰，此年，隨逐行基法師優婆塞、優婆夷等，如法餘物者，男年六十一以上，女五十五以上，咸聽入道。

允許男子出家的年齡限定在六十一歲以上，將肩負調庸最多的正丁（二十一歲至六十歲的男子）排除在外，是政府確保農民納貢的一貫政策。僧尼令中，老丁（六十一歲至六十五歲的男子）原沒有成為僧人侍者的資格；如今允許老丁得度，這是官方政策的讓步，政府不得不承認行基的宗教運動。

行基在養老元年遭到打壓後，並沒有停止傳道；《行基年譜》記載了行基修建的道場，這是最好的說明（表中序號是四十九院的序號）：

養老元年遭受猛烈壓制，沒有修建道場；然而，第二年便在大和國添下郡修建了隆福院，可見行基並沒有屈服於政府的壓力。

值得注意的是，在《續日本紀》重新出現行基名字的天平三年（七三一年）和其前

| 序號 | 寺院名稱 | 所在地 | 建立年代 | 行基年齡 | 現今地名 |
|---|---|---|---|---|---|
| 4 | 隆福院 | 大和國添下郡登美村 | 718 | 51 | 奈良市大和田町追分 |
| 5 | 石凝院 | 河內國河內郡日下村 | 720 | 53 | 大阪府東大阪市日下町 |
| 6 | 喜光寺 | 平成右京三條三坊 | 722 | 55 | 奈良市菅原町 |
| 7 | 清淨土院 | 和泉國大島郡葦田里 | 724 | 57 | 大阪府高石市 |
| 8 | 同 尼院 | 和泉國大島郡草部鄉 | 724 | 57 | 同 |
| 9 | 久修園院 | 河內國交野郡一條內 | 725 | 58 | 大阪府枚方市楠葉 |
| 10 | 檜尾池院 | 和泉國大島郡和田鄉 | 726 | 59 | 大阪府堺市檜尾 |
| 11 | 大野寺 | 和泉國大島郡大野村 | 727 | 60 | 大阪府堺市土塔町 |
| 12 | 同 尼院 | 同 | 727 | 60 | 同 |
| 13 | 善源院 | 攝津國西城郡津守村 | 730 | 63 | 大阪市西城區 |
| 14 | 同 尼院 | 同 | 730 | 63 | 同 |
| 15 | 船息院 | 攝津國兔原郡宇治鄉 | 730 | 63 | 神戶市兵庫區 |
| 16 | 同 尼院 | 同 | 730 | 63 | 同 |
| 17 | 高瀨橋院 | 攝津國嶋下郡穗積村 | 730 | 63 | 大阪市東淀川區 |
| 18 | 同 尼院 | 同 | 730 | 63 | 同 |
| 19 | 楊津院 | 攝津國河邊郡楊津村 | 730 | 63 | 兵庫縣豬名川町木津 |
| 20 | 狹山池院 | 河內國丹比郡狹山里 | 731 | 64 | 大阪府大阪狹山市 |
| 21 | 同 尼院 | 同 | 731 | 64 | 同 |
| 22 | 昆陽施院 | 攝津國河邊郡山本村 | 731 | 64 | 兵庫縣伊丹市寺本二丁 |
| 23 | 法禪院 | 山城國紀伊郡深草鄉 | 731 | 64 | 京都市伏見區 |
| 24 | 河原院 | 山城國葛野郡大屋村 | 731 | 64 | 京都市 |
| 25 | 大井院 | 山城國葛野郡大井村 | 731 | 64 | 京都市右京區 |
| 26 | 山埼院 | 山城國乙訓郡山前鄉 | 731 | 64 | 京都府大山崎町 |
| 27 | 隆福尼院 | 大和國添下郡登美村 | 731 | 64 | 奈良市大和田町追分 |

一年（七三〇年），行基分別修建八座和七座寺院，這兩年共建寺院十五座。政府放鬆對行基傳教活動的打壓，也和當時的政情變化有關。

## 長屋王之變

行基遭受打壓時，主政的藤原不比等（六五九年至七二〇年），於養老四年八月病逝，長屋王（？年至七二九年）取而代之，成為左大臣。長屋王是高市皇子之子、天武天皇之孫，他繼承了父親的性格，非常有人望，多才多藝。

靈龜三年（七一七年），左大臣石上麻呂去世。養老二年（七一八年），長屋王一舉升為大納言，地位僅次於太政官的右大臣藤原不比等。藤原不比等在養老四年（七二〇年）去世後，藤原不比等之子藤原四兄弟（藤原南家之祖藤原武智麻呂、藤原北家之祖藤原房前、藤原式家之祖藤原宇合、藤原京家之祖藤原麻呂）尚年輕，議政官中只有當時任參議的藤原房前；因此，長屋王作為皇族勢力的代表，成為了政界的主導者。

養老五年，長屋王升為從二位右大臣，受賜帶刀資人十人。元正天皇對自己的妹妹吉備內親王及其丈夫長屋王非常信任，元正天皇身體不適時，曾召見長屋王入宮囑託後事。不久，長屋王受賜稻穀十萬束四百斛。神龜元年（七二四年），在聖武天皇即位的同一天，長屋王升為正二位左大臣。

同年二月，長屋王敕諭天下授與藤原宮子「大夫人」稱號。藤原宮子是藤原不比等的女兒、文武天皇的夫人、聖武天皇的母親。根據令制，有「皇太夫人」的稱號，而沒有「大夫人」之稱，敕封違反了令制，成為違敕。長屋王不知道該如何稱呼藤原宮子，因此上奏天皇，聖武天皇確定稱其為「皇太夫人」。

最初，沒有根據令制稱為皇太夫人，是因為藤原宮子並非皇族出身，天皇也拿不定主意。長屋王出面插手藤原宮子稱號的事情，完全忽視了藤原氏在皇親政治中的勢力。結果，與長屋王的期待相反，聖武天皇做出按照令制稱為皇太夫人的決定，這讓長屋王自惹麻煩。

在藤原宮子的稱號這件事情上，充分反映出長屋王對藤原氏的態度。在藤原氏想立安宿媛（七〇一年至七六〇年，又稱光明子）為皇后的事情上（長屋王極力反對），當然也是出乎長屋王所料。

神龜六年（七二九年）二月十日，漆部君足和中臣宮處東人密告「長屋王密習左道，欲顛覆國家」，藤原氏趁機在聖武天皇處進讒言。當夜，聖武天皇派遣使節閉固三關。式部卿藤原宇合率衛門佐佐味蟲麻呂、左衛士佐港島家道、右衛士佐紀佐比物等六衛（五衛府及新設的中衛府）之兵，包圍長屋王的府邸。二月十一日，聖武天皇派遣一品舍人親王、新田部親王、大納言多治比池守、中納言藤原武智麻呂、右中辨小野牛養、少納言巨勢宿奈麻呂等人，逼問長屋王謀反之事。二月十二日，長屋王被迫自盡，享年四十六。長屋王之妻吉備內親王和長屋王之子膳夫王、桑田王、葛木王、鉤取王全部自縊而亡。這次事件史稱「長屋王之變」。

三月四日，藤原武智麻呂由正三位中納言升為大納言，藤原麻呂由正四位上左京大夫升為從三位。八月五日，左京職藤原麻呂獻上一隻長五寸三分、寬四寸五分的龜，龜甲上刻有「天王貴平知百年」七個字，聖武天皇因此將年號由神龜改為「天平」。實際上是藉以掩蓋長屋王死於非命、防止世人非難的鬧劇。

長屋王事件，是中央豪族與中央皇族之間的一次較量。這場權力鬥爭，最後以藤原氏的全勝而告結束，藤原四兄弟在朝中均任大納言和參議等要職，得以長期把持朝政大權，對以後的歷史產生了深遠的影響。

同月十日，非皇族出身的安宿媛在藤原氏的大力扶持下，終於打破傳統的慣例當上了皇后，開創了「人臣皇后」的先例。二十四日，傳達天皇立後的詔命，藤原氏通過巧妙的策略，利用官位及賞賜壓制反對立后的聲音，光明子成功被立為皇后，藤原氏兄弟又促使其繼承藤原不比等的宅邸、封戶、從者。

立后的翌年，天平二年（七三〇年）四月，光明皇后創設了照顧貧困人民的「悲田院」，及相關的醫療設施「施藥院」。光明皇后一生篤信佛教，東大寺及國分寺都是依她的建言而創建的。

在這種政治變化中，追隨行基的優婆塞、優婆夷，於天平三年（七三一年）八月，獲得了出家許可，這也是藤原氏綏靖政策的一環。前文提到，根據《行基年譜》記載，行基在這一年建立了八座道場，是建立道場最多的一年。

## 開發池渠

道場建設之外，另一件必須關注的事情，是行基開發池渠的事業。藤原不比等掌政時，急於實現中央集權化，橫徵暴斂，長屋王則採取了「以民為本」的政策。

據《日本書紀》記載，大化二年（六四六年），頒布改新詔，實施班田收授法和租庸調製。班田制仿照唐朝的均田制而制定，是律令制土地制度的根本法。班田制實行班田收授，首先須編定全國的戶籍。班田的具體作法是：凡六歲以上公民，由政府班給「口分田」，男子二段，女子為男子的三分之二。官戶奴婢與公民相同，家人、私奴婢則給公民的三分之一。有位、有職、有功者，按職位的高低、功的大小，班給相應的位田、職分田、功田等。除口分田之外，還相應給以若干宅地和園田為「世業田」，若絕戶（無後）則還公。班田每六年一次，所受之田不准買賣；若受田者死亡，由國家收回。

隨著人口的增加，口分田越來越少，無法順利執行班田制。農民階層越來越貧困，流離失所，只得寄身於豪族。在這種情況下，政府於養老六年（七二二年），頒布了開墾百萬町良田的計畫。此計畫的具體內容為：由國郡司役使百姓，官府提供食物和用具，在十日內開墾肥沃良田百萬町；收穫雜谷三千石以上，授勳六等；千石以上者，終身免除課役。

利用徭役進行開墾的這個計畫很難實現。養老七年四月十七日，又頒布「三世一身法」，其內容如下：

太政官奏。頃者，百姓漸多，田池窄狹。望請，勸課天下，開闢田疇。其有新造溝池，營開墾者，不限多少，給傳三世；若逐舊溝池，給其一身。奏可之。

這是積極獎勵開墾的方針，但必須依靠豪族的自願開墾，以及承認有限制的土地佔有。值得注意的是，太政官奏中強調開墾溝池，重視開發水利資源；而行基掌握土木技術，開發建造了很多池、渠、溝、堤壩、橋梁等，在民眾的協助下，各項工程能夠迅速完成。在三世一身法的背景下，豪族與行基聯手的池溝開發，也得到政府的承認。

根據《行基年譜》記載，政府對行基採取綏靖政策的天平三年（七三一年），行基修建了狹山池院和狹山池尼院等設施，傳道和社會公益事業同時進行。從這個記載來推測，行基修建狹山池的年代也是天平三年前後。《續日本紀》「天平四年十二月十七日」條，有「築河內國丹比郡狹山下池」的記載；這段記載非常簡短，不知詳情，而這應該是政府的開發工程。

現在由狹山池供水的池塘約有一百三十座；從《續日本紀》所記載的狹山

下池來看的話，與狹山池直接相連的太間池應該是其下池。狹山池和狹山下池是不同的水池，下池應該不是行基修建的。天平三年前後，行基開始修建狹山池；翌年，官方修建狹山下池。從時間上看，不能認為這兩個工程沒有關係；應該是在行基修建狹山池的影響下，官方於翌年開始修建狹山下池。

《續日本紀》「天平二年（七三〇年）九月二十九日」條的詔中記載：

又近京左側山原，聚集多人，妖言惑眾，多則萬人，少乃數千；如此之徒，深違憲法。若更因循，為害滋甚；自今以後，勿使更然。

這份詔書中說，如此多的人聚集是嚴重違反憲法的集會。從詔書的上下文來看，這是宗教人士的集會，並非政治集會；而集會的中心人物，應該是行基，但是沒有可以確定的線索。行基與農民們的關係雖然非常密切，但不能生硬地解釋為某種領袖式的存在。

從光明子被立為皇后開始，藤原武智麻呂兄弟們的地位越來越穩固，但沒有能夠持續十年。天平七年（七三五年），從九州開始流行天花；八月二十三日，太宰府報告「管內諸國，疫瘡大發，百姓悉臥」，請求停止貢調，朝廷許之。九月至十一月，新田部親王、舍人親王等相繼去世，瘟疫傳染到了京城。《續日本紀》中，這一年的最後記錄是：

是歲，年頗不稔。自夏至冬，天下患豌豆瘡〈俗曰裳瘡〉，夭死者多。

瘟疫和歉收持續到天平八年，十月免除九州的田租，十一月免除京城、畿內（大和、河內、攝津、山背）、二監（芳野、和泉）的田租。天平九年三月三日，各國造釋迦像，書寫《大般若經》，祈福鎮災。六月一日，因為百官臥病而廢朝。六月二十六日，太政官下達文書，在但馬國向一千四百餘人施粥。行基出生的和泉國大鳥郡，根據《和泉監正稅帳》記載，這一年實施了三次賑濟撫恤。四月二十一日，民部省下令，向窮戶計二百八十二人施米共八十九石八斗。五月十九日的敕令，向僧八人、百歲以上二人、九十歲以上十六人、八十歲以上九十四人、鰥一百七十四人、寡九百六十九人、惸三百二十八人、獨二十五人施米共六百五十四石四斗。九月二十八日的敕令，向百歲以上三人、九十歲以上二十一人、八十歲以上一百零一人施米共一百五十二石。

這一年的四月到八月，藤原武智麻呂四兄弟都死於當時流行的天花，藤原氏的勢力遭致挫折。當時有傳言，這是被逼迫自殺的長屋王之惡靈作祟的緣故。

此後，由橘諸兄（六八四年至七五七年）掌政，同年九月二十二日，禁止私自借貸稻米，廢除九州的防人兵役。

十月二十六日，道慈任講師，在大極殿講《最勝王經》。如此重視《最勝王經》，是因為此經稱「若有國土，宣說是經，一切人民皆得豐樂無諸疾疫。」此經之第六為〈四天王護國品〉，說四天王鎮護國家之誓，是消災致福的護國經。

十一月三日，派使者對五畿（大和、和泉、河內、山城、攝津五國）七道（東山道、北陸道、東海道、山陽道、山陰道、南海道、西海道七道）六十五國的神社進行增飾。

十二月二十七日，曾經同阿倍仲麻呂（唐名為「晁衡」）等人入唐學習法相宗的玄昉（?年至七四六年），在皇后宮為皇太夫人宮子看病有功，獲賜絁、絹、絲、布。兩度入唐學習的吉備真備（六九五年至七七五年），由從五位下晉升至從五位上，兩人在橘諸兄的關照下權勢日隆。

吉備真備在大唐近十九年，研究唐代的天文、曆法、音樂、法律、兵法、建築等知識，均有頗深造詣，回國後，受到聖武天皇、光明皇后的寵幸。天平勝寶三年（七五一年），吉備真備被選為遣唐副使。

翌年，吉備真備以遣唐副使身分，隨藤原清河大使第二次朝拜大唐，與阿倍仲麻呂再會。使團抵長安後，唐玄宗曾接見吉備真備，並贈他「銀青光祿大夫」稱號。離大唐時，唐玄宗贈詩相送。

天平勝寶五年（七五三年），使團至揚州拜訪著名高僧鑑真，對其日後東渡有所影響。同年，使團啟航回國。這次使團途中漂流到了屋久島，最終和鑑真大師一起平安回到了日本。

日本平安時代至室町時代所流行、中國南朝齊梁年間的志公和尚（寶志和尚）預言日本興衰治亂的〈野馬臺詩〉，據說是吉備真備帶回國的；不過，這首詩應該是偽作。

天平十年（七三八年）正月十三日，阿倍內親王（七一八年至七七〇年，女性）被立為皇太子；內親王立為太子乃異例，這是首次。神龜五年（七二八年）九月十三日，阿倍內親王的弟弟基王（七二七年至七二八年），作為聖武天皇的第一位皇子夭折時，阿倍沒有被立為太子，因皇太子僅限於親王。

到了天平十年，阿倍成為皇太子。這是因為，天平九年，藤原武智麻呂四兄弟染天花相繼去世，光明皇后必須維持藤原氏的勢力，而讓阿倍立為太子，這是當時可以選擇的最上策。

天平十年十月，藤原宮子的膳食提高到天皇的水準。藤原氏在宮廷內的地位極高；阿倍立為太子，也是光明皇后為了提高藤原氏勢力的策略。

就在同一年，長屋王事件也得以真相大白。長屋王死於藤原氏陰謀的真相暴露和阿倍立太子事件在同年發生，絕非是偶然的。

立太子的這一天，橘諸兄晉升為正三位右大臣，必須執行應對瘟疫的各種政策。五月停止兵役，十二月開始向返鄉的勞役發放食品。在這段時間裡，有些律令制度被修正，有些被廢棄。

值得注意的是，九世紀編撰的令之注釋書《令集解》中，引用了在這一年編撰的大寶令注釋書《古記》。此書中，將「行基大德」的事蹟作為「精進練行」的事例。在養老元年（七一七年）的詔書中，將行基貶為「小僧」，如今稱為「大德」，可見政府對行基的態度發生了巨大變化。這說明了，行基堅持傳道，投身於社會公益事業，政府不得不承認行基在民眾中的影響力。在瘟疫和饑饉的恐懼中，人們更加期待佛法的力量，僧侶的地位也逐步提高。

根據《行基年譜》記載，這段期間，行基建立的道場如下表（表中序號是四十九院的序號）：

瘟疫和饑饉帶來的影響十分慘重。天平十一年（七三九年）六月，停止了諸國的兵士制。這一年的年末到翌年天平十二年的年初，開始取消鄉里制中的里。十二年六月，敕令各國抄寫《法華經》、建七重塔，祈禱國泰民安。

八月，和泉監合併到河內。在大寶到養老（七〇一年至七二三年）強制實行律令制時期，新設置的諸國，到天平十二年以後，大多被廢除合併。如此看來，從天平九年開始，律令制開始出現巨大動搖，這是無法否定的事實。

在政治危機不斷增加的情況下，天平十二年八

| 序號 | 寺院名稱 | 所在地 | 建立年代 | 行基年齡 | 現今地名 |
|---|---|---|---|---|---|
| 28 | 枚方院 | 河內國茨田郡伊香村 | 733 | 66 | 大阪府枚方市伊加賀 |
| 29 | 薦田尼院 | 同 | 733 | 66 | 同 |
| 30 | 隆池院 | 和泉國泉南郡 | 734 | 67 | 大阪府岸和田市 |
| 31 | 深井尼院 | 和泉國大島郡深井村 | 734 | 67 | 大阪府堺市中區深井 |
| 32 | 吉田院 | 山城國愛宕郡 | 734 | 67 | 京都市左京區 |
| 33 | 沙田院 | 攝津國住吉 | 734 | 67 | 大阪市住吉區 |
| 34 | 吳阪院 | 攝津國住吉郡御津 | 734 | 67 | 大阪市住吉區長峽町 |
| 35 | 鶴田池院 | 和泉國大鳥郡 | 737 | 70 | 大阪府堺市西區草部 |
| 36 | 頭陀院 | 大和國添下郡 | 737 | 70 | 奈良縣大和郡山市 |
| 37 | 同 尼院 | 同 | 737 | 70 | 同 |

月二十九日，藤原廣嗣（?年至七四〇年）上表，闡述天地災異，指責時政的得失，要求玄昉和吉備真備離開朝廷。九月三日，藤原廣嗣在大宰府發動叛亂，史稱「藤原廣嗣之亂」。

為了祈求討伐藤原廣嗣的軍隊取得勝利，朝廷派使者到伊勢神宮奉獻供品，敕令諸國造觀音像，抄寫《觀世音經》。十月二十九日，聖武天皇不得不離開平城京，行幸關東。十一月三日，天皇在伊勢國期間，傳來捷報，但天皇沒有馬上返回平城京。

十二月，繼續巡幸美濃和近江。十二月十五日，行幸山背國相樂郡的恭仁宮，確定遷都恭仁（位於今京都府木津川市）。山背國相樂郡有橘諸兄的莊園；這一年的五月十日，天皇曾經行幸此地，並授與橘諸兄之子奈良麻呂從五位下的官位。

# 第六章　營造恭仁京

願若惡君邪臣犯破此願，彼人及子孫，必遭災禍，世世長生無佛法之處。

## 建立國分寺

因為藤原廣嗣之亂，以至不得不放棄平城京，可見其帶來的巨大衝擊；所幸，此亂很快被平復。

由於擔心此後不知何處又會出現圖謀反亂的人，天平十三年（七四一年）二月十四日，發出詔敕，要求整理先前下令書寫的佛經以及建造的佛像、佛塔，並敕令用金字書寫《最勝王經》，安置於佛塔之中，還確定了寺領土地、僧尼數、寺名等事項，部分條例如下：

願太上天皇（元正）、大夫人藤原氏（宮子）、及皇后藤原氏（光明子）、皇太子（阿倍）已下親王，及正二位右大臣橘宿禰諸兄等，同資此福，俱到彼岸。

願藤原氏先後太政大臣（不比等、武智麻呂）　及皇後先妣從一位橘氏大夫人（三千代）之靈識，恆奉先帝（文武、元明）而陪遊淨土，長顧後代而常衛聖朝。乃至，自古已來至於今日，身為大臣，竭忠奉者，及見在子孫，俱因此福，各繼前範，堅守君臣之禮，長紹父祖之名，廣給群生，通該庶品，同解憂惱，共出塵籠者。

願若惡君邪臣犯破此願，彼人及子孫，必遭災禍，世世長生無佛法之處。

上述「邪臣」是指藤原廣嗣。在一個月前的正月十五日，藤原不比等的三千封戶捐款建造國分寺（為了鎮護國家，天皇下令諸國建立的寺院）的丈六佛像。藤原不比等的封戶是由光明皇后繼承的；藤原氏中出現了藤原廣嗣這樣的邪臣，給國家帶來騷亂，光明皇后想通過捐款來安撫天下。出於這種願望，很多藤原氏的人名出現在捐款名單中，這顯示建立國分寺與光明皇后的關係極為密切。與藤原廣嗣之亂相關的人員受到嚴厲懲罰，對藤原氏造成巨大刺激，對橘諸兄方面也採取綏靖政策。

關於頒布建立國分寺詔敕的緣由，必須注意的是，在瘟疫和饑饉之後，藤原廣嗣之亂所帶來的政治衝擊。於政局動搖時期，在遷都的恭仁京發願建立國分寺，並非是紀念國家的繁榮而建造的；此乃祈願護佑朝廷，消除妨礙政權安定的因素；期望嚴守君臣之禮，以求國泰民安。這是希望克服律令政治危機的非常嚴峻之行動，橘諸兄必須徹底實施。行基也與建立國分寺的計畫有關。

承久二年（一二二〇年），天台宗僧侶慈圓編撰的史論書《愚管抄》中記載，「行基菩薩，建諸國的國分寺」。這部史論主張行基建立諸國的國分寺，大多數日本學者認同此說。例如，國分寺研究的權威學者辻善之助在《國分寺考》中認為，參與國分寺建設計畫的僧人，一定是行基這樣的人物；雖然史書中沒有明確記載，但從前後情況和其經歷來看，這是毫無疑問的事情。

然而，又如辻善之助所說，在《續日本紀》等研究奈良時代的史料中，沒有行基與國分寺創建有關係的記載。另外，行基與政府的關係升溫，是頒布建立國分寺敕令之後的事情。行基建立了四十九座寺院，雖然可以認為他與國分寺的建立有關；但是，四十九院的建立是行基的個人行為，與國分寺的建立事業不同。如果行基與建立國分寺有關係的話，記錄行基傳記的《行基年譜》中應該有記載，但是完全看不到這方面的記錄。

若從《行基年譜》中記載的四十九院和社會福利設施的場所來推測行基的活動範圍，是大和、河內、和泉、攝津、山背五國。在《日本靈異記》中，則有行基在大和、和泉、攝津、山城說法，以及從事社會福利事業的故事。從上述記載來看，行基不可能周遊全國，更不可能建造諸國的國分寺。

《日本靈異記》講述了很多奇異的故事，不能完全相信其中的記載；但是，與大和國相關的故事中，有中卷第八「贖蟹蝦命放生得現報緣」的故事，講述了行基幫助置染臣鯛女免於蛇難。中卷第二十九「行基大德放天眼視女人頭塗豬油而呵責緣」講述：行基在元興寺的村莊，舉行了為時七天的法會；見聽眾之中有一女子髮塗豬油，行基大德予以呵責。

與和泉國相關的故事中，有中卷第二「見烏邪淫厭世」講述：聖武天皇時，和泉國泉郡的大領血沼縣主倭麻呂，看見一對烏鴉在自己家大樹上築巢產子；雄烏鴉外出覓食，雌烏鴉與別的烏鴉行邪淫。大領因此厭世，捨棄妻子和官位出家，追隨行基修道，得名信嚴禪師；其先於行基大德離世，行基流淚作歌哀悼。

天平十年的《和泉監正稅帳》中記載，倭麻呂是和泉郡少領，外從七位下，與《日本靈異記》中為大領不同；但是，到行基去世的天平二十一年為止，很有可能成為大領，因此並不矛盾。和泉國又是行基的出生地，倭麻呂成為行基的信者並非不可能。

《日本靈異記》中的血沼縣主倭麻呂是真實存在的人物；可以推測，尊崇行基的信眾群中，也包含大領這樣的豪族。

《日本靈異記》中，有行基在攝津國的故事，中卷第三十「行基大德視攜子女人過去怨令投淵示異表緣」，行基帶領民眾開渠於難波之江，建造船塢，說法化人，道俗貴賤，集會聞法；當時，有位女子從五公里之外的河內國若江郡川派里趕來參加法會。中卷第七「行基大德視攜子女人過去怨令投淵示異表緣」，也提及行基帶領民眾在難波開渠造船塢。

《日本靈異記》中卷十二「贖蟹蝦命放生現報蟹所助緣」，是行基在山背國紀伊郡深長寺時發生的故事：一位信因果報應而阻止殺生的女子遭遇蛇難，遵從行基大德所言信奉三寶；女子先前救助的螃蟹殺死大蛇，令其免於蛇難。這則故事與中卷第八有異曲同工之妙。

除了行基，僧人玄昉亦可能與國分寺建立事業有關。他有入唐留學的經歷，受武則天在各州建立大雲寺的影響；可以想像，玄昉回國後，會獻策建立國分寺。天平九年開始，玄昉取得僧正的地位，藤原廣嗣上表要求他離開朝廷；由此可見，玄昉在宮廷中具有相當大的勢力，可以認為玄昉也和國分寺建立有關係。不過，這也僅是根據上述歷史史料來推測而已。

應該注意的是，能夠具體確認與國分寺創建有關係的僧人是道慈。國分寺正式名稱為「金光明四天王護國之寺」，敕令寺塔中安置金字書寫的《金光明最勝王經》，這部經是道慈帶回日本的。天平九年（七三七年）十月，道慈在大極殿講《最勝王經》。

另外，大官大寺（後稱為大安寺）是靈龜二年（七一六年），從高市遷移到平城京的；道慈回國的時候，工程尚未完成。後來委任道慈為營造指揮，他按照長安西明寺的伽藍結構，完成了這項工程。

從國分寺的伽藍配置來看，法隆寺式的伽藍結構有相模國的國分寺，而山背、近江、伊賀、三河、遠江、甲斐、伊豆、常陸、武藏、上野、下野、佐渡、播磨、備中、安芸、周防、讚岐、伊予、築前、豐後的國分寺都是大安寺的伽藍結構。從這一點來看，可以說道慈是與國分寺之建立有密切關係的僧侶。

## 澤田川架橋

天平十三年（七四一年）二月的國分寺建立與行基無關。這個時期，他在何地從事什麼活動呢？

遷都不久的恭仁都城建設，徵集了大批役民。九月九日，僅從大和、河內、攝津、山背招來的役民，就多達五千五百人。橘諸兄在前一年調動大軍，現在又拚命招募勞役。

此時的橘諸兄注意到了，被壓制了四分之一世紀依然不屈不撓、我行我素的行基及其弟子們。《續日本紀》「天平十三年十月十六日」條記載，行基帶領的七百五十位優婆塞，在新都城的賀世山東河（澤田川）架設橋梁。橘諸兄在行基領導的活動中看到了新的希望；在他的眼中，行基的身影具有特殊意義。這項從七月開始的賀世山架橋工程已經完成，上述七百五十位優婆塞被允許出家得度。《續日本紀》此日的條中，雖然沒有出現行基的名字，但這些優婆塞是行基的弟子。

同年九月十二日，行基氏族的文忌寸黑麻呂作為主稅頭，與木工頭兼造營卿、民部卿藤原仲麻呂、散位高丘河內等人，向都城百姓頒給宅地，賀世山西路以東為左京，以西為右京。

天平十年（七三八年）「閏七月七日」條記載，在黑麻呂之前任命的主稅頭，是同為文氏的的馬養。黑麻呂在天平十三年七月三日和十九年五月一日，兩次被任命為主稅頭，這是發揮了文氏家族財政記錄等文筆能力以及文氏家族掌握的其他技術。

另一方面，天平三年（七三一年）八月，追隨行基的優婆塞們，獲得出家得度的許可，其中的一個原因，就是承認行基在民間活動中發揮的土木技術。如今，大與土木營建恭仁京，黑麻呂不可能不知道同族的行基。

根據《行基年譜》記載，天平十二年，行基在緊鄰恭仁京西側的大狛（今京都府相樂郡山城町），建立了泉橋院，這裡還建有布施屋。天平十三年三月，聖武天皇行幸這座寺院，並允許行基在攝津國為奈野（今兵庫縣尼崎市豬名野）劃地建設「給孤獨園」。

給孤獨園是印度的著名佛教聖地，亦稱勝林給孤獨園、祇桓精舍、祇洹精舍、祇園精舍等，位於中印度憍薩羅國王都舍衛城城南門外五里，內有浮圖十二，講堂七十二，房屋三千六百，樓閣五百。顧名思義，行基建立的給孤獨園，應該是收容無家可歸者的設施。

先前遷都平城時，行基於養老五年（七二一年），很快來到都城建立菅原寺。現在移都恭仁，行基又來到新都城附近建立寺院。

藤原仲麻呂和黑麻呂一同實施頒給宅地等營造都城的活動；他身為民部卿，負責諸國戶口的名藉、賦役、孝義、優復（給予優待，免除租賦、徭役）、蠲免（免除部分或者全部租庸調雜徭）、家人、奴婢、橋道、津濟（渡口）、渠地、山川、沼澤、諸國的田事；因為他是專門負責頒給宅地及架橋工程的官員，不可能不關注行基。

橘諸兄主張遷都恭仁，並負責京城的營造；而他啟用行基，應該有黑麻呂從中斡旋。十月十六日獲得出家得度許可的七百五十名優婆塞中，有畿內也有諸國的信者，不能說全部都是追隨行基的信者，只能推測其中有行基的弟子。

日本古代歌謠《催馬樂》中，有一首與澤田川架橋相關的歌謠：

〈澤田川〉

淺淺的澤田川
濺濕了長袖端呀
淺淺的澤田川
哈來
雖然是淺灘
恭仁的宮人們呀
架起了高高的橋
阿哈來

在那裡呀
架起了高高的橋

這是一首有些諷刺意味的歌謠，雖然不能說僅是諷刺橘諸兄，但最貼近諷刺對象的人只能是橘諸兄；諷刺的背後，暗示出橘諸兄期待與民眾關係密切的行基。

新京城的營造很快走上了正軌，天平十三年十一月二十一日，宮殿名號定為「大養德恭仁大宮」。

到了天平十四年（七四二年），雖然大極殿尚未竣工，但在正月七日，造宮卿智奴王等人獲得賞賜。十六日，在大安殿舉行酒宴，演奏「五節田舞」，還有童女表演踏歌。天下有位之人班列，向諸司的下級書記官賜宴；六位以下的人們奏琴，高歌《催馬樂》中的「呂歌」之一：

〈新年〉

在新年伊始之際

讓如此盛大

哈來

如此盛大的祭典呀

相續萬代

阿哈來

掃靠喲嘻呀

相續萬代

同年二月一日，在皇后宮的宴會上，天皇甚歡，宮廷中恢復了安定祥和的氣氛。但是，很快又發生了不可思議的事情。

同年二月五日，開通了由恭仁連接近江國甲賀郡的道路。八月十一日，下詔行幸紫香樂，又任命智奴王等人為造離宮司，在紫香樂（今滋賀縣甲賀郡信樂町雲井）建造宮殿。

八月二十七日，聖武天皇任命鈴鹿王、巨勢奈氏麻呂、紀飯麻呂留守恭仁，任命大伴牛養、藤原仲麻呂留守平城，首次行幸紫香樂。留守官員中沒有橘諸兄的名字，他應該與天皇同行。

十二月二十九日，聖武天皇第二次行幸紫香樂。此時，藤原仲麻呂來到恭仁，與鈴鹿王、巨勢奈氏麻呂、紀飯麻呂一同留守恭仁。

翌年天平十五年元旦，橘諸兄先於聖武天皇由紫香樂返回恭仁。同年元月十三日，發出詔令，迎請大和國金光明寺的僧人，誦讀《最勝王經》。

四月三日，聖武天皇第三次行幸紫香樂；這一次，是橘諸兄和巨勢奈氏麻呂、紀飯麻呂一同留守恭仁，藤原仲麻呂陪同天皇行幸。

同年五月五日的節日裡，在大內宴請群臣，阿倍皇太子親自跳起五節舞，此時他二十六歲。吉備真備任皇太子學士，教授皇太子《禮記》等經典。這一天，舉行了大範圍的敘位任官：橘諸兄晉升為從一位左大臣，藤原豐成和巨勢奈氏麻呂晉升為中納言，原仲麻呂和紀飯麻呂任參議，吉備真備晉升為從四位下。對負責強化政權的橘諸兄來說，獲得晉升的都是可以依賴的人。

## 墾田永世私財法

敘位任官後不久，於天平十五年（七四三年）五月二十七日，頒布了「墾田永世私財法」。

橘諸兄雖然與皇室和藤原氏關係密切，但是並未居於政局的中心，因為藤原氏的勢力盤根錯節非常穩固。「墾田永世私財法」是應對耕地不足的策略；除了這個表面上的理由之外，實際上也是橘諸兄想透過這個法令，迎合諸貴族不斷獲得土地的欲望，利用這個政策來維持並發展自己的勢力。

私財法滿足了貴族、官員、地方豪族、神社、寺院等階層多年來的迫切要求；對以公民、公地為原則的天皇專制來說，私財法顯然是向上述階層讓步，實際上也包含農民鬥爭的成果，確認一定的土地私有，天皇專制的政治體制被逐步瓦解。

私財法對保有大量特權的上層貴族和官員影響不大，對克服各種困難成長起來的地方勢力則帶來巨大影響。對參與恭仁京建設的行基弟子來說，私財法還具有回報行賞的意義。

另外，私財法根據位元階規定了不同的墾田面積，允許中央貴族可以無限制開墾，餘下一位五百町、三位三百町、五位一百町、六位五十町、郡司三十町、初位以下十町，對郡司以下的土豪（地方豪族）們有嚴格限制。此法對官階六位以下的郡司、土豪、農民相當不利。

總之，私財法是政府承認民間開墾農田和私有的願望，而私財法的結果是土豪們意識到取得官位的實際意義。天平末年以來，鑄造大佛以及建立國分寺時，土豪們積極捐獻財物，也意味著想取得官位。

# 第七章　紫香樂和大佛營造

乙酉，皇帝御紫香樂宮，為奉造盧舍那佛像，始開寺地。於是，行基法師率弟子等，勸進眾庶。

## 大佛營造緣起

天平十五年（七四三年）七月二十六日，聖武天皇第四次行幸紫香樂，橘諸兄、鈴鹿王、巨勢奈氐麻呂留守恭仁，藤原仲麻呂隨行，在紫香樂前後停留長達四個月。鑄造大佛的詔書正是這期間的十月十六日頒發的：

發菩薩大願奉造盧舍那佛金銅像一軀。盡國銅而鎔像，削大山以構堂，廣及法界為朕知識，遂使同蒙利益共致菩提。夫有天下之富者朕也，有天下之勢者朕也；以此富勢造此尊像，事也易成，心也難至，但恐徒有勞人無能感聖，或生誹謗，反墮罪事。是故預知識者，懇發至誠，各招介福。宜每日三拜盧舍那佛，自當存念，各造盧舍那佛也。如更有人，情願持一枝草、一把土助造像者，恣聽之。此詔，對有意協助者，採包攝態度，異於以往。國郡等司，莫因此事侵擾百姓、強令收斂。布告遐邇，知朕意焉。

聖武天皇發願鑄造大佛，是因為此前的天平十二年（七四〇年）二月，行幸河內的知識寺時，喜歡寺中的盧舍那佛（註一），這成為聖武天皇鑄造盧舍那佛像的契機。

聖武天皇行幸知識寺的情況，在勝寶元年（七四九年）十二月的宣命中可以見到。聖武太上皇在這一年的七月讓位與孝廉天皇，十二月的宣命是孝廉天皇頒發的。因此，日本學者川崎庸之（一九〇八年至一九九六年）認為，天平十二年，在知識寺禮拜盧舍那佛、並發願建造盧舍那佛像的是阿倍皇太子，即後來的孝廉天皇，並非聖武天皇。

此外，頒發宣命，並非僅限於天皇，也有太上皇頒發的實例；例如，天平十五年五月五日的宣命，是由元正太上皇頒發的。另外，天平十二年，阿倍皇太子只有二十三歲，又沒有詳實的史料能夠證明，他已經具有發願建造盧舍那佛像的那種境界。

天平十五年建造盧舍那佛像時，聖武天皇是四十三歲的中年人；從各個方面來看，他與建造大佛的聯繫最為密切；勝寶元年的宣命，應該是聖武太上皇頒發的。天平十二年，發願建造盧舍那佛像的也應該是聖武天皇。

如前面所說，知識寺的「知識」一詞，是指與佛教結緣的人；為了結緣，人們奉獻田產、穀物、錢幣、勞力，進而意味著捐獻財物，有共同信仰的團體，即「知識結」。

從河內國「知識寺」這種寺名來看，應該是平民百姓自願出錢出力建造的寺院。聖武天皇喜歡這座寺院的盧舍那佛像，是被佛像的莊嚴所打動；僅從聖武天皇被打動這一點來看，不得不說民間蘊藏著建造佛像的巨大財力和高超技術；民眾的凝結力，無疑也會令聖武天皇心動。

正如鑄造大佛詔書所述的那樣，期待民間知識捐獻財物營造大佛，正是借鑑了河內國知識寺的先例；這座寺院的狀況，與東大寺的建立有密切關係。

此後，孝廉天皇也於勝寶元年（七四九年）、八年（七五六年）行幸這座寺院。天平神護元年（七六五年），捐贈封戶五十戶；神護景雲三年（七六九年），給這座寺院的兩位雜役授爵三級；貞觀五年（八六三年），捐贈維修金新錢二十貫和鐵二十廷（廷，鐵的計量單位，二十廷約四十公斤）；貞觀八年（八六六年），河內守菅野豊持被任命為修理知識寺佛像別當。

從上述鑄造大佛詔書，以及國史的記載，知識寺的盧舍那佛像應該不是木像；佛像的尺寸也不明，僅僅是通過上述史料的大致推測而已。遺憾的是，知識寺從中世開始荒廢至今。

八世紀時，日本民間的佛像鑄造技術已經相當發達，透過《日本靈異記》也能夠窺見一斑。例如，《日本靈異記》中卷三十四「孤孃女憑敬觀音銅像示奇表得現報緣」，講述諾樂右京殖槻寺之邊裡，有位富人家的獨身女子，鑄觀世音菩薩銅像一尊，高二尺五寸，隔家成佛殿，安置佛像禮拜供養。中卷二十二「佛銅像盜人所捕示靈表顯盜人緣」、中卷二十三「彌勒菩薩銅像盜人所捕示靈表顯盜人緣」，都是盜竊寺院銅佛像的故事，這些故事也說明，佛像鑄造在民間已經相當流行。

天平十三年（七四一年），建立國分寺的詔敕頒發不久，必須推進國分寺的建造；而在天平十五年，又開啟了建造大佛的新事業。這其中有何緣由，以及能否募集到建造大佛的資金，這些都是需要解明的問題。

首先，國分寺的建設並沒有像預想的那樣順利竣工，這個情況不容忽視。天平十五年（七四三年），為了國分寺建設早日竣工，撥發了正稅。天平十九年（七四七年），派遣石川年足（六八八年至七六二年）等人到諸道，視察寺院領地。寶勝八年（七五六年），又派遣使者到七道（東海道、東山道、北陸道、山陰道、山陽道、南海道、西海道），催檢丈六佛像的營造。寶字三年（七五九年），向諸國下發國分二寺圖。由此可見，國分寺建設進度遲緩的情況不在少數。

國分僧寺和國分尼寺，合稱為國分二寺。國分僧寺的正式名稱是「金光明四天王護國之寺」，國分尼寺的正式名稱是「法華滅罪之寺」。天平十三年，詔令建立國分寺的時候，是藤原廣嗣之亂的翌年，剛遷都不久，政權尚未穩定，缺乏向國司徹底貫徹建立國分寺的能力；此外，沒有依靠民力，也沒有引起民眾的關心。天平十九年（七四七年）的詔書中，便指責國司們的怠慢，不營造寺院、不開闢寺院的領地。

另一方面，表面上看政局是安定的；實際上，皇族和貴族、貴族和僧侶、貴族內部之間，存在著橘、大伴、佐伯氏集團與藤原氏的各種矛盾。聖武天皇無疑是為了抵消這些抗爭勢力，凝聚不安定的人心，因而啟動了營造大佛的新事業。

因此，在詔令營造大佛時說，「廣及法界為朕知識」，號召人民「情願持一枝草一把土助造像者」，加入營造大佛的事業。詔書中的「夫有天下之富者朕也，有天下之勢者朕也」，並非只是聖武天皇單純的豪言壯語，可以解釋為凝聚人民的經濟力量來籌集資金。國分寺建立初期，財源來自國庫，委託國司營造，沒有直接依靠人民的財力。

天平十五年（七四三年），聖武天皇在紫香樂發願鑄造大佛之前，已經於五月二十七日在恭仁京頒布了「墾田永世私財法」，這是為了聚集民力而做準備。豪族們依照此法令，進行土地開發，聚集財富，由他們將信者的田產、穀物、錢財捐獻給大佛營造，捐獻者被授予位階；獲得位階的豪族們，根據私財法的規定，只要晉升位階，又可以獲得開墾更多田產的權力。

天平十三年，聖武天皇發願在諸國建立國分寺的計畫進展不順；而天平十五年，發願建造大佛的立足點是私財法，這一點必須注意。

聖武天皇為了達成營造盧舍那佛像的願望，頒發了營造大佛的詔書。關於是誰推進了這個計畫的實施，日本古代史學者北山茂夫（一九〇九年至一九八四年）認為是藤原仲麻呂；因為，宣告建造大佛之際，橘諸兄等人留守恭仁京，詔令是由藤原仲麻呂發布的。除了認同聖武天皇的志向，藤原仲麻呂積極推動這項巨大事業還另有原因。藤原仲麻呂的從兄弟藤原廣嗣，在天平十二年發動兵變失敗後，對藤原氏帶來極為不利的影響；他亟需利用率先領導營造大佛的機會，來削弱橘諸兄、玄昉、吉備真備的勢力。北山茂夫認為，與其說大佛營造事業是發自信仰，不如說來自更為強大的政治意圖。

前文提到的日本學者川崎庸之認為，北山茂夫的「橘諸兄作為留守官在恭仁京，不知道頒布發願鑄造大佛的詔令」之說不甚合理；其理由是，橘諸兄三年前就知道皇太子鑄造大佛的願望，沒有藤原仲麻呂等人介入的餘地。當然，川崎庸之的前提是，發願者為阿倍皇太子，而不是聖武天皇。

應該注意的是，橘諸兄參與了聖武天皇的第一次和第二次紫香樂行幸；即使第四次紫香樂行幸沒有隨行，也應該掌握發願營造大佛的情況。北山茂夫的學說，只注重第三次和第四次紫香樂行幸時藤原仲麻呂的隨行，並斷言頒布發願鑄造大佛的詔令時，橘諸兄尚未掌握內情，這未免過於武斷。此後，積極協助大佛營造、並參與敘位任官的正是橘諸兄及其派系，並未見到藤原仲麻呂參與其中。

大佛營造，原本就是長期的事業，直到延曆八年（七八九年），造東大寺司才被廢止。天平勝寶八年（七五六年）十月二十三日，藤原仲麻呂也向大佛捐獻米一千斛，而這已經是天平勝寶四年（七五二年），大佛營造完成舉行大佛開光儀式以後的事情，看不到藤原仲麻呂參與初期大佛營造的線索。

天平寶字元年（七五七年）正月六日，橘諸兄去世，藤原仲麻呂掌握實權，橘諸兄之子橘奈良麻呂企圖謀反被捕入獄。敕使審訊，問他：何謂政治無道？橘奈良麻呂回答：造東大寺，人民辛苦，所有貴族都很擔憂。橘奈良麻呂為了指責藤原仲麻呂，舉出與他相關的東大寺營造之事。敕使反駁道：造東大寺之事，開始於你父親掌權之時。橘奈良麻呂理屈辭窮，無言以對。由此可見，當時人們認為大佛營造的推動者是橘諸兄。

## 勸進民眾

天平十五年（七四三年）十月十七日，即鑄造大佛詔書頒發的翌日，詔令東海、東山、北陸三道二十五國，將當年的調庸等物資，進貢紫香樂宮。《續日本紀》「天平十五年十月十九日」條中記載：

乙酉，皇帝御紫香樂宮，為奉造盧舍那佛像，始開寺地。於是，行基法師率弟子等，勸進眾庶。

這段記載直接顯示出行基與大佛營造的關係。行基此時已經七十六歲，政府主要是想讓行基發揮勸進民眾捐獻大佛營造財物的作用。至此時為止的四十餘年間，行基聯合各地被稱為「知識」的信者集團，建立道場、挖掘池渠、開墾荒田，政府非常期待利用行基的民眾組織能力，希望把民眾與大佛營造事業聯繫起來。

總之，政府就是想利用書氏掌握的記錄以及財政等方面的文筆能力，發揮其募集財物、建造道場和社會福利事業的技術及管理方法，來為大佛營造服務。

行基與律令政府合作，從事勸進民眾捐獻大佛的營造財物，也有人將其視為這背叛了至今與他關係密切的民眾。與行基至今為止，專心於民間傳道以及從事社會福利事業相比，被官府起用，確實是行基一生中的巨大變化。從《行基年譜》的記載中，也能夠發現這一變化；天平十三年以後，行基建立的道場比此前減少了許多。

然而，如果說行基背叛了民眾，應該無法期待他從民眾中徵集捐獻；政府起用行基為勸進的角色，正是利用他與民眾的密切關係。這種行基背叛民眾的解釋，應該是不成立的。

也就是說，天平十五年之前和此後，行基的思想和立場沒有發生根本性的變化；是社會政治形勢發生了變化，官方對行基的看法，也隨之發生了變化。

養老元年（七一七年），政府曾經隔離行基與民眾的聯繫，對行基的活動進行打壓；但是，又不得不承認他們自發的民間開墾運動。養老七年頒布的「三世一身法」，和天平十五年頒布的「墾田永世私財法」，對律令制進行了修正。這期間的天平三年（七三一年），允許追隨行基的優婆塞們出家入道。天平七年以來的瘟疫和饑饉，對律令制造成了動搖；作為消災之術，佛法的力量更加受到期待，行基也被稱為「大德」。

藤原廣嗣之亂後的政界，各派互相抗爭；為了抵消各種勢力，統一人心，開啟了營造大佛的事業，行基也因此被起用。在這種情況下，政府對行基的態度，由打壓開始讓步，進而轉為起用。

《正倉院文書》中的〈優婆塞貢進解〉，記錄了行基的名字：

丹比連大藏

大養德國城下郡鏡作鄉戶主立野首斐太麻呂戶口

讀經　法華經一部並破文

最勝王經一部

千手千眼經

藥師經

誦經　八名普密經

多心經

觀世音經

師主藥師之寺師位僧行基

淨行五年

（《大日本國古文書》二十四）

奈良時代，修建了很多佛寺，官寺必須招納大量僧尼；因此，需要從民間推薦有解讀經典能力，有修行經驗的人擔任僧尼，這類推薦信就是優婆塞、優婆夷貢進解，其中記錄了優婆塞、優婆夷的姓名、籍貫、年齡、會誦讀的經典、修行年數等信息。從天平十七年（七四五年）開始，上述記錄內容明顯變得簡略；為了獲得營造大佛的勞動力，允許出家入道，不再僅依據佛典的解讀能力和修行經驗，有投身大佛營造的功勞，也可以出家入道。

聖武天皇在位期間，先後十七次，共批准一萬五千人得度；作為大量批准得度的事例，天平十九年正月十四日的〈貢進文〉，記載有「難波宮中臣陸仟伍百陸拾三人例得度」。

此外，《行表和上度緣》記載，天平十三年十二月，有七百七十三人得度。行表（七二二年至七九七年）出生於大和國葛上郡，天平十三年在恭仁宮師從道璿得度；天平十五年，在興福寺北倉院受戒。日本天台宗開祖最澄（七六七年至八二二年）十二歲時，在近江國分寺師從行表出家。

上述能夠看到行基名字的〈優婆塞貢進解〉，沒有標注年代；但是，籍貫處記錄有「大養德」。這份貢進解的年代上限應是「大倭」改為「大養德」的天平九年（七三七年）十二月二十七日以後；籍貫處記錄到「鏡作鄉」為止，沒有記錄「里」的名稱；而土地稱呼「國、郡、鄉、里」中「里」的消除，是天平十一年年末以後的事情。另外，行基此時是師位元僧，沒有記錄為大僧正。因此，這份貢進解的年代，是行基大僧正補任的天平十七年正月二十一日之前。

天平十一年年末到天平十七年之前的這段時間，行基的僧籍在藥師寺；行基被官方起用勸進百姓捐獻大佛營造費用，應該是天平十五年十月二十日前後。

藥師寺在養老六年（七二二年）成為僧綱（僧官）所，僧綱分為僧正、僧都、律師三個官階。天平十七年五月四日，四大寺（大安寺、藥師寺、元興寺、興福寺）的僧人在此集會，徵集應該由紫香樂向何處遷都的意見。在東大寺建立之前，藥師寺是四大寺中的代表寺院。行基肩負勸進百姓捐獻大佛營造財物的重要任務，將他的僧籍落在藥師寺是最合適的。

行基原本就四處勸進，並非在藥師寺常住。此外，如果行基常住藥師寺，與藥師寺有密切關係的話，應該有與行基相關的記錄留在藥師寺。藥師寺景戒所撰《日本靈異記》中，行基的俗姓、出生地、大僧正補任年代等記載，都準確無誤。由此來看，行基與藥師寺的關係，應該不過是將僧籍落在這裡而已。

## 成為「大僧正」

大佛營造，並非是能夠輕易實現的事業；紫香樂宮的營造也開始啟動，恭仁宮的建設顯然與之發生衝突。《續日本紀》「天平十五年（七四三年）十二月二十六日」條記載：

用度所費，不可勝計。至是，更造紫香樂宮，仍停恭仁宮造作焉。

到了天平十六年，重新面臨將首都定在何處的問題。閏正月一日，向官員們徵求意見，是留在恭仁，還是遷都難波；結果為，希望留在恭仁的官員較多，平民也大多希望留在恭仁。

十一日，聖武天皇行幸難波。此時，安積親王（七二八年至七四四年）因為腳疾，由櫻井的頓宮返回恭仁宮，十三日薨。北山茂夫認為，皇太子阿倍內親王尚未確立為皇嗣；另一方面，橘諸兄以及大伴加持（？年至七八五年）等人，寄希望於安積親王，安積親王是到目前為止一直給藤原氏帶來威脅的存在。因此，安積親王很有可能是被藤原氏暗殺。

二月一日，恭仁宮的驛鈴、天皇御璽、太政官印，都被護送到難波（位於今大阪）。日本史學者橫田健一（一九一六年至二〇一二年）認為，這種處置印璽的方式，僅限於突發事件及謀反之時，並認為藤原仲麻呂是暗殺安積親王的主謀。

二十四日，聖武天皇在行幸紫香樂之後，於二十六日，令橘諸兄頒布定都難波的詔令。從這段時間開始，政局越來越複雜；而無論如何，大佛的營造必須持續下去。

同年二月十二日，京畿諸國的鐵匠、銅匠、木匠、皮匠、馬夫等，身分由雜戶解放為平民，繼續從事原來的職業；這是為了讓他們將技術和勞力投入到大佛及伽藍的營造而實行的優待措施。同一天，將官府奴婢六十人升為平民，這也是出於同樣的目的。

同年四月十三日，聖武天皇所在的紫香樂宮西北發生山火，男女數千人前去砍伐山林，撲滅山火。七月八日，聖武天皇回到難波。八月五日，向近江國蒲生郡大領佐佐貴山君親人、和近江國神前郡大領佐佐貴山君足人敘位、賜物，這兩位曾出力撲滅了紫香樂山火。

不久，聖武天皇再次行幸紫香樂。《續日本紀》「天平十六年十一月十三日」條記載：

> 甲賀寺始建盧舍那大佛骨柱，天皇親臨，手引其繩，於時種種樂共作，四大寺眾僧僉集，襯施各差。

甲賀寺是在紫香樂鑄造大佛寺院的異名，關於甲賀寺有下述疑問。《正倉院文書》中，天平十二年四月十八日的須阪本〈內藏寮解〉中，可以見到甲賀宮勞役們的月俸；或許，甲賀宮以及甲賀寺在天平十四年八月十一日營造紫香樂宮之前就已經存在。但是，《續日本紀》中記載，造離宮司的任命是內藏寮解八月十一日，年月日應該無誤。再來看〈內藏寮解〉的內容，天平十二年五月的月俸是二十九天，而十二年五月是大月，共有三十天；因此，須阪本〈內藏寮解〉的記載令人生疑。

同文的〈內藏寮解〉在其他《正倉院文書》中，日期是天平十七年四月十八日；如果是天平十七年的話，這一年的五月剛好是小月，只有二十九日，與二十九天的月俸不矛盾。因此，須阪本〈內藏寮解〉的天平十二年是「十七年」之誤；也就是說，紫香樂宮（甲賀宮）是天平十四年八月開始建造的，甲賀寺是天平十五年十月開闢寺院領地以後建立的。

天平十六年十二月八日的夜晚，在金鐘寺和朱雀路上燃燈一萬盞，舉行供養活動。而此時，聖武天皇正在紫香樂，這座金鐘寺是近江的寺院。日本史學者喜田貞吉（一八七一年至一九三九年）認為，此處所言之金鐘寺是栗太郡的金勝山大菩提寺。

聖武天皇正在紫香樂行幸中，沒有理由說此處記載的金鐘寺一定是近江的寺院；金勝山是山的名稱，不能說大菩提寺與金鐘寺是同一座寺院。這座金鐘寺應該是天台僧思托（七二四年至？）所著《延曆僧錄》中記載的金鐘寺，位於平城京之東。

關於金鐘寺的沿革有諸種說法。奈良時代開始，陰陽寮制《具注曆》的「天平十八年三月十五日」條中記載，敬御原天皇時，在金鐘寺舉行仁王會。日本建築史學家福山敏男（一九〇五年至一九九五年）認為，金鐘寺的存在似乎可以追溯到持統天皇（六四五年至七〇三年）時代。

根據福山敏男的研究，天平十四年七月十四日，光明皇后下旨，將金鐘寺改為金光明寺，這意味著其相當於大和的國分寺，具有官寺的性質；即使正式改為金光明寺，當地依然使用原來的名稱，《續日本紀》「天平十六年十二月」條中的金鐘寺便是例證。因此，天平十五年正月十三日詔令中的金光明寺，也是大養德的國分寺。

應該注意的是，天平十二年遷都恭仁以後，新都與舊都平城京並非完全沒

《續日本紀》有關係。

天平十六年的年末，聖武天皇住在紫香樂。不可思議的是，《續日本紀》於翌年「天平十七年元旦」條中記載：

廢朝，乍遷新京，伐山開地以造宮室，垣牆未成，繞以帷帳。

此時，又直接將紫香樂變為新的京城。由此向東十公里是水口（今滋賀縣甲賀郡），可以進入東海道。紫香樂處於深山之中，距離恭仁東北二十公里，並不適合作為政治中心，說明遷都背後有特殊的政治背景。這無疑與甲賀寺鑄造盧舍那佛像有關；但是，將鑄造場所選在此處的原因不明。

可以考慮之處，是這裡有名為甲可臣真東的豪族；還有，甲賀地區是森林地帶，自營造藤原宮以來，可在田上山麓砍伐良材。能夠列舉的理由僅此而已。

關於不斷遷都一事，有解釋說這是源自中國的思想，認為設置多處都城可以顯示國家繁榮，這種解釋並非沒有依據。例如，《日本書紀》「天武天皇十二年十二月」條記載：「詔曰，凡都城、宮室，非一處，必造兩三。」這顯然是為了脫離象徵藤原氏勢力的平城京，遷都到與橘氏關係密切的恭仁京。然後，隨著僧侶勢力在紫香樂不斷發展壯大，藤原氏為了削弱橘氏的勢力，計畫向與其有淵源的難波遷都。

神龜三年（七二六年），藤原宇合（六九四年至七三七年）被任命為知造難波宮事。藤原宇合是藤原不比等的三子，文武雙全，膽識過人，先後擔任遣唐副使、征討蝦夷大將軍、參議，曾領兵包圍長屋王的宅邸，後死於瘟疫。

至於僧侶勢力，可以列舉出玄昉（?年至七四六年）、良弁（六八九年至七七三年）、行基等人。玄昉等僧綱們希望以四大寺所在的平城京為都城；因此，剩下來的行基，成為與紫香樂遷都關係最為密切的人。

宣布紫香樂為都城同月的正月二十一日，行基被任命為大僧正，成為日本首位大僧正。〈大僧正舍利瓶記〉中記載：

於時僧綱已備，特居其上，雖然不以在懷，勤苦彌厲。

從字面上看，這段記載無疑是溢美之詞；其言行基雖然尊為大僧正，但是不以為意，更加刻苦努力。這段文字的背後也隱含另一種情況，即正統的官僧們，難免對行基的特殊晉升抱有反感。例如，前述《日本靈異記》中卷第七話「智者誹妬變化聖人而現至閻羅闕受地獄苦」中，聖武天皇感於行基威德，任命為大僧正，智光法師發嫉妒心，誹謗行基。

如此重用行基，無疑是激勵他投身大佛營造事業，這也反映出聖武天皇及橘諸兄等人為之焦慮的心情。

## 平城還都

到了天平十七年四月，紫香樂的西山、甲賀寺的東山、宮城的東山，成片的山火依然肆虐。都城的民眾爭相將各種器物埋入河中，聖武天皇自身也感覺到了危險，想去大丘野避難。從事造佛的佛像師國中公麻呂等也獲得恩賜，破格敘位。

接下來，遷都之事又被提到議程，太政官向各司的官員們徵求意見，官員們都希望定都平城。朝廷又派使者前往藥師寺，聽取四大寺僧人們的意見，僧人們的意見也是希望定都平城。

五月十一日，開始遷都平城，聖武天皇行幸奈良。遷都是藤原氏和僧侶勢力聯手導致的結果，橘氏的勢力由此衰落，藤原氏開始回復自己的勢力。橘諸兄遭到驅逐，驅逐者正是藤原仲麻呂。

遷都這一天，宮中陷入一片狼藉的狀態，《續日本紀》「天平十七年五月十一日平城遷都」條中記載：

> 是時，甲賀宮空而無人，盜賊充斥，火亦未滅，仍遣諸司及衛門衛士等令收官物。

紫香樂宮沒有很快荒廢，或許是因為甲可（甲賀）寺造佛所，到天平十九（七四七年）年一月為止一直駐留此地，應該是在此處理大佛鑄造之後的各種事宜。

在此鑄造大佛的進展情況不詳；但是，在天平十九年一月，甲可寺造佛所，為了往平城搬運佛像及菩薩像等，向金光明寺造佛官，請求捆包用的紬衣、布、商布（奈良、平安時代，調庸之外，用來交易的布）、草席、油衣等物品。向平城搬運的佛像等物品包括：佛像一尊（人夫六十人）、手兩隻（人夫一人）、螺髮（人夫一人）、光料飛天十八尊（人夫九人）、化佛十三尊（人夫二人）、雕花（人夫二十人）、塔一具（人夫二人）、菩薩二尊（人夫四十人）、手四枚（人夫一人）、塞蓮花座二具（人夫八人）、八角木座四居（人夫二十人）。

紫香樂作為都城僅僅五個月便宣告結束。紫香樂遺跡在稱作「內里野」的臺地上，面積八百六十平方公尺，有明顯的礎石群，出土了奈良時代的古瓦。從礎石的配置來看，有幾乎朝南的伽藍遺跡，南面有中門，其左右有迴廊。中門的北側有金堂遺跡，再往北能看到講堂遺跡；金堂和講堂之間，能夠確認出鐘樓和鼓樓遺跡，迴廊與之連接。這些建築遺跡的東側也有一處礎石群，可以看到中門、塔、北堂等遺跡。

這些遺跡都像是純粹的伽藍形式，除此之外沒有找到宮殿的遺跡；或許，當初的設計就是宮殿和寺院為一體。

如果是宮殿和寺院一體的話，雖然建築遺跡的東部不清楚是否為伽藍配置，此處應該是天平十四年八月開始營造的紫香樂宮；建築遺跡的西部是標準的伽藍配置，這裡應該是甲賀寺。

關於寺院連接宮殿建造的情況，在《續日本紀》的「天平十五年十月二十日」條中有記載，聖武天皇在紫香樂宮時，詔令開闢寺院領地。天平十六年三月，由平城的金光明寺，搬運《大般若經》到紫香樂宮，在朱雀門奏樂，安置在大安殿。由此看來，紫香樂宮並非伽藍。如果是伽藍的話，應該記載南大門或者金堂。另外，此時將《大般若經》安置在大安殿，是因為甲賀寺尚未竣工。

宮殿若和寺院相連，無疑意味著宮寺一體。這也可以參照《續日本紀》「天平十七年五月十一日平城還都」條中的記載：

是日，行幸平城，以中宮院為御在所，舊皇后宮為宮寺也，諸司百官各歸本曹。

中宮院是平城宮內的建築，皇后宮是指藤原不比等的宅邸。宮寺是法華寺，與皇居為鄰的宮寺並非普通的寺院；這意味著法華寺和甲賀寺相同，也是宮寺一體的形式。

【註釋】

註一：盧舍那佛或為「毗盧遮那佛」（梵語 Vairocana）之異譯。又作大毗盧遮那佛或摩訶毗盧遮那佛（梵語 Mahā-vairocana），義為「太陽」或「光明遍照」，意譯大日如來。通常被視為法身佛，釋迦牟尼佛為應（化）身佛。唐朝實叉那陀譯《八十華嚴》採用此譯名，但東晉佛陀跋陀羅譯出的《六十華嚴》，則譯為「盧舍那」。後世各佛教宗派對它有不同的解釋。華嚴宗認為毗盧遮那佛為報身佛，是蓮華藏世界（Akanistha Ghanavyuha，或稱密嚴世界）的教主。天台宗則認為，毗盧遮那佛是法身佛、盧舍那佛為報身佛，釋迦牟尼佛為應化身佛。唐密及承繼的日本真言宗視毗盧遮那佛即「大日如來」，為理智不二的法身佛，為密宗尊奉的最高主尊。

嘉祥吉藏大師在《華嚴遊意》指出，盧舍那佛即是釋迦牟尼。印順法師根據《華嚴經》的漢譯本比較，也支持這個說法。

# 第八章　建立東大寺・示寂

行基菩薩，留止之處，皆建道場，其畿內凡卌九處，諸道亦往往而在，弟子相繼，皆守遺法，至今住持焉。

## 鑄造大佛

天平十七年（七四五年）五月十一日，平城遷都後不久，在平城京東部的金鐘寺（金光明寺）的寺院領地，大佛鑄造再次開工。《延曆僧錄》中的聖武天皇傳記載，於古金鐘寺造東大寺並蓮華藏世界盧舍那佛。《日本靈異記》中卷第二十一話「攝神王脛放光示奇得現報緣」中有：

諾樂京東山有一寺，號曰金鷲，金鷲優婆塞住斯山寺，故以為字，今成東大寺。

這裡的金鷲山寺正是金鐘寺。八月二十三日，聖武天皇親自將泥土放入袖中搬運，皇后、官員們也搬運泥土，加固大佛的底座。數日後的八月二十八日，聖武天皇行幸難波；到了九月，聖武天皇在難波患病，一時陷入危篤狀態。朝廷採取從平城宮護送來鈴印、向神佛祈禱、允許三千八百人出家等行動，作為非常時期的處置措施。

雖然有阿倍皇太子，但這位皇太子是女性，時年二十八歲，聖武天皇之後誰來繼位尚未確定。正五位上攝津大夫橘奈良麻呂（七二一年至七五七年）企圖立長屋王之子黃文王（?年至七五七年）為皇嗣，《續日本紀》「天平寶字元年（七五七年）七月四日」條記載，橘奈良麻呂前年曾經勸說其同心之友陸奥守佐伯全成（?年至七五七年）謀反：

陛下枕席不安，殆至大漸，然猶無立皇嗣，恐有變乎。願率多治比國人、多治比犢養、小野東人，立黃文而為君，以答百姓之望。大伴、佐伯之族隨於此舉，前將無敵。方今天下憂苦，居宅無定，乘路哭叫，怨嘆實多。緣是議謀，事可必成，相隨以否。

此後，數次相勸，佐伯全成仍不欲相從。此時，橘奈良麻呂又來找佐伯全成商議：「前歲所語之事，今時欲發，如何？」佐伯全成回答：「朝廷賜全成高爵重祿，何敢違天發惡逆事？是言前歲已忘，何更發耶？」

安積王一年前突然離奇去世後，橘氏一直圖謀向藤原氏發起回擊。佐伯全成再次回絕了橘奈良麻呂，靜待聖武天皇的康復。

同年九月二十六日，聖武天皇返回平城京。十一月二日，玄昉被左遷（貶降）至築紫的觀世音寺。北山茂夫《萬葉的時代》一書認為，玄昉被左遷，這是藤原仲麻呂對橘諸兄政權的打擊；年初的正月二十一日，任命行基為大僧正，也是藤原仲麻呂為了排擠玄昉的措施。

與北山茂夫的看法相對，川崎庸之認為，《續日本紀》「天平十八年六月十八日」條，有關於玄昉左遷理由的記載：

榮寵日盛，行為乖張，稍背沙門本旨，漸為時人所惡。

從聖武天皇回到平城後不久、玄昉便被左遷的情況來看，應該是聖武天皇在難波病危之時，發生了什麼不忠行為。另外，玄昉和吉備真備確實是橘諸兄政權的支柱；但是，在橘諸兄掌握政權以前，以及藤原廣嗣之亂後的五年間，僧正補任沒有給橘諸兄的政治活動帶來影響；因此，不能說玄昉左遷是藤原仲麻呂對橘諸兄施加的打擊。橘諸兄對行基也充滿期待；所以，應該是玄昉對行基晉升有牴觸，因此遭到擯棄。

至於川崎庸之所說的不忠行為，應該是聖武天皇病篤之際、玄昉置喙於皇嗣安排這樣的事情。

關於行基的大僧正補任和玄昉左遷，《行基年譜》中記載：

天平十七年正月十七日，以行基大德為大僧正，降玄昉僧正流於築紫。

這種記錄形式，不知是否意味這兩個事件有關聯，或是這一年可記錄的事情過少，因此將這兩件事情連在一起，其原因不得而知。

這一年，行基七十八歲。根據《行基年譜》中記載，行基建立了五座寺院，寺址都在難波（下表中之序號是四十九院的序號）。

前述《日本靈異記》中卷第七話「智者誹妬變化聖人而現至閻羅闕受地獄苦」的故事中，行基任大僧正後，在難波架橋、開渠、建船塢；其中的橋和船塢，與《行基年譜》中所記載的難波度院附屬的設施相符。由此看來，聖武天皇行幸難波期間，行基也來到難波，從事傳教和社會福利事業。

另外，從天平十三年到天平十六年（七四一年至七四四年），行基一座寺院也沒有建立；表示這段期間行基忙於恭仁京的營造，以及在紫香樂從事大佛營造和勸進活動。

《續日本紀》記載，翌年天平十八年（七四六年）三月十五日，聖武天皇頒發詔敕：

興隆三寶，國家之福田；撫育萬民，先王之茂典。是以，為令皇基永固，寶胤長承，天下安寧，黎元利益，仍講《仁

| 序號 | 寺院名稱 | 所在地 | 建立年代 | 行基年齡 | 現今地名 |
|---|---|---|---|---|---|
| 43 | 大福院 | 攝津國西城郡御津村 | 745 | 78 | 大阪市中央區三津寺町 |
| 44 | 同 尼院 | 同 | 745 | 78 | 同 |
| 45 | 難波度院 | 攝津國西城郡津守村 | 745 | 78 | 大阪市西城區 |
| 46 | 枚松院 | 同 | 745 | 78 | 同 |
| 47 | 作蓋部院 | 同 | 745 | 78 | 同 |

王般若經》。

同時，在金鐘寺舉行灌頂法會。詔敕中的「寶胤長承，天下安寧」，與國分寺建立詔令所祈願的內容相同；如今，在接任金光明寺使命的金鐘寺再次祈願。

四月五日，橘諸兄兼任大宰帥，藤原仲麻呂兼任東山道鎮撫使。六月，著名的《萬葉集》撰者大伴加持任越中守，玄昉在築紫離世。這期間的五月二日，恢復了諸國的廝丁（勞役中的伙夫）。十二月十日，恢復了畿內及諸國的兵役，重新整頓律令體制。

十月六日，聖武天皇偕元正太上皇、光明皇后行幸金鐘寺，燃燈供養盧舍那佛，佛像前後置燈一萬五千七百餘盞。至夜裡一更，數千僧人擎脂燭，讚歎供養，繞佛三匝，至三更還宮。這場法會，是為了供養此時完成的大佛模型。

這一年的金光明寺造物所有佛像師十三人，其餘銅匠、金箔匠等，一個月用工約五百人，所屬官員約六十人。十一月一日的文書〈金光明寺造佛所解〉

中，簽署者有造佛長官國中公麻呂（？年至七七四年）、大養德國的少椽佐伯今毛人（七一九年至七九〇年）、玄蕃頭市原王（七一九年至？）、史生田邊真人（生卒不詳），從中可以瞭解金光明寺造物所的組織結構。

國中公麻呂是天智天皇（六二六年至六七二年）時代由百濟歸化的國骨富之孫，長期從事大佛鑄造事業。佐伯今毛人勇壯有才幹，奉公謹慎，深信釋教，督役也是指授有方，役徒不得怠惰。市原王和田邊真人同屬皇后宮職，是寫經司的官員，後來被任命為造東大寺司的官員，《續日本紀》的〈光明傳〉記載，創建東大寺，光明皇后的意志起了很大的作用，這從市原王和田邊真人的履歷上可以得到佐證。

天平十九年（七四七年）的正月八日，金光明寺造物所為了製作不空羂索觀音（象徵觀世音菩薩以慈悲的羂索，救度化導眾生，其心願不會落空）的光背、花萼等部件，向造佛長官請求鐵二十廷（廷，鐵的計量單位，二十廷約四十公斤）。二月二十二日，向大養德、河內、攝津等發生饑饉的十五國發放賑恤。三月十六日，將大養德國改為大倭國。四月十四日，又向瘟疫旱魃肆虐的紀伊國發放賑恤。五月十八日，向發生饑饉的近江和讚岐發放賑恤。

這期間不能忽視的是，五月一日，文黑麻呂（生卒不詳）再次被任命為主稅頭；文氏是行基家族高志氏的分支。

同年的九月二日，河內國的大初位下河俣（俣）人麻呂，向營造大佛的善知識捐錢一千貫；越中國的無位平民礪波志留志，捐米三千石；兩人同時被授與外從五位下。當時，河內國的國守是大伴古慈斐（六九五年至七七七年），越中國的國守是《萬葉集》撰者大伴宿禰加持（？年至七八五年），兩人都與橘諸兄交往密切。橘諸兄積極推進大佛的營造，來自上述兩地的捐獻，反映出大伴氏對橘諸兄的鼎力相助。

沒有史料顯示行基前往越中國進行勸進，而河內國是他的活動範圍，若江郡有河俣鄉。另外，《三代實錄》「貞觀三年（八六一年）九月二十四日」條，能夠看到大縣郡人河俣公御影的名字；由此或許可以推測，河俣人麻呂是若江郡或者大縣郡的人。

如果是若江郡人的話，前文中提到《日本靈異記》中卷第三十「行基大德視攜子女人過去怨令投淵示異表緣」中，行基帶領民眾開渠於難波之江，修造船塢，說法化人，道俗貴賤，集會聞法，有位女子從五公里之外的河內國若江郡川派裡，趕來參加法會。這表示，河內國若江郡有行基的信者，或許河俣人麻呂也是行基的信者。

此後，礪波志留志又捐獻田產，獲得敘位，任越中員外介。《續日本紀》「神護景雲元年（七六七年）三月二十日」條記載：

授外從五位下利波（礪波）臣志留志從五位上，以墾田一百町獻於東大寺也。

同年五月七日，礪波志留志被任命為檢校史，負責越中國礪波、射水、新川三郡的東大寺未開田地四百一十町，對東大寺領地的經營起到重要作用；寶龜十年（七七九年），任伊賀守。豪族們藉由「墾田永世私財法」，開發土地，積累財富，將財富捐獻給大佛營造事業，來獲得官位；伴隨位階的晉升，進一步開墾土地。礪波志留志可謂典型的事例。

在河俣人麻呂等人捐獻當月的九月二十九日，大佛鑄造工程開始啟動。十一月七日，又頒布催造國分寺的詔令，這應該是得益於豪族的捐獻。催造詔令宣布，派遣使者視察諸道目前為止的國分寺建造情況，檢定國分寺的寺領土地，並命令國司參與營造：

任郡司勇幹堪濟諸事，專令主當。限來三年以前，造塔、金堂、僧坊，悉皆令了。若能契勅，如理修造之，子孫無絕任郡領司。

讓國司協助建造國分寺，這是在天平十三年（七四一年）頒布的國分寺建立詔敕中看不到的內容。到了天平十九年，開始期待以郡司級別的豪族為中心的普通平民來參與建造國分寺。

武藏國分寺遺址出土的文字瓦上，有以加印、書寫等方法留下的郡名和鄉名，有橫見、比企、兒玉、男衾、秩父等郡名，以及大井、川口等鄉名。文字瓦上發現了武藏國全部二十個郡名，鄉名涉及十郡、十六鄉。還有寫有人名的文字瓦，有「荒墓鄉戶主宇遲部結女」、「戶主宇遲部白岐太」、「宇遲部大山」、「戶主壬生部子萬呂」等，計四十五點以上。下野（栃木縣）、陸奧（宮城縣）、山背（京都府）等地的國分寺遺址，也出土了這種文字瓦。

這些郡名及人名的出現，是天平十九年頒布催造國分寺詔令後，國司催促郡司、郡司催促所轄的各鄉，形成了這種層層催促的關係。瓦是建造寺院大量使用的必需品，是剛好適合普通農民的捐獻物。瓦上寫有名字的人，不僅僅是捐獻瓦的人，其中應該還包括捐獻田產、米、金錢、財物，以及奉獻勞力的人。人名的寫法，與作為租稅的調庸物品上書寫的國、郡、里、人名的方式相同。郡司等強制徵收的物品不在少數，當然也有農民自發捐獻的物品。

另外，金鐘寺（金光明寺）從這個時期開始稱為「東大寺」。最早可以確認這個名稱的文獻，是天平十九年（七四七年）十二月十五日的〈東大寺寫經所解〉。

## 菅原寺示寂

天平二十年（七四八年）二月二十二日，物部子嶋、甲可真束、大友國麻呂、漆部伊波等人捐獻供養物品，捐獻者全部獲得敘位元外從五位下。三月二十二日，藤原仲麻呂晉升為正三位。

四月二十一日，元正太上皇崩。六月四日，正三位藤原夫人薨。為了推進大佛營造事業順利進行，將金光明寺的官員和工匠組織命名為造東大寺司，次官、判官、主典等機構是翌七月設置的，九月的〈造東大寺司牒〉之簽署者中，能看到玄蕃頭市原王、次官佐伯今毛人、判官田邊真人、主典山口伊美吉等人的名字。

市原王由皇后宮職所屬的寫經司長官，升至玄蕃頭的位置，是大佛營造的最高監督官。他到勝寶三年（七五一年）為止，一直身為玄蕃頭，處於造東大寺司長官的位置，但並不正式稱為長官，而是記為「知事」，因為當初的造東大寺司沒有設置專任的長官。

同年的十月二十七日，東大寺用錢七十貫文，從小治田朝臣藏麻呂手中購買位於伊賀國（三重縣）阿拜郡柘殖鄉的家宅一處、地二町、墾田七町一段、屋八間、板倉七間。這座寺領莊園後來發展成為東大寺領的玉滝杣，是東大寺所用木材的林地。

這一年，全國範圍歉收；十月二十八日，不得不免除京畿內七道諸國的田租，無疑也給造佛事業的進展帶來了影響。如前文所述，《行基年譜》記載，天平十七年，行基在難波建立了五座道場，天平十八、十九年則沒有記載任何活動。

天平二十年（七四八年），行基已經八十高齡；他拖著老邁的身軀，到右京的菅原寺隱居。

天平二十一年，饑饉更加慘烈，據《續日本紀》「天平二十一年正月四日」條中記載：

比年，頻遭亢陽，五穀不登，官人妻子，多有飢乏。於是，文武官及諸家司給米，人別月六鬥。

接下來，又不得不向發生饑饉瘟疫的上總（千葉縣）、下總（千葉、茨城縣）、石見（島根縣）等國進行賑恤。

在這樣的非常時期，行基臥病菅原寺。二月二日夜，行基特別將諸道場囑託與弟子信光後，在東南院入寂。

二月八日，依照行基的遺囑，在大倭國的平群郡生駒山的東陵（奈良西約十公里），將行基的遺體火化。行基留下火葬的遺言，應該是效仿導師道昭。弟子景靜將行基的遺骨拾入舍利瓶中，在山上結界，作為墓地。真成在舍利瓶上刻入行基的傳記，即〈大僧正舍利瓶記〉，將其埋入墓中，行基墓位於現在的竹林寺。

《續日本紀》記載，行基「薨時，年八十」。〈大僧正舍利瓶記〉是行基入寂後不久刻到舍利瓶上去的，而且生卒年記載明確，享年應該是八十二歲。

當時，安葬屍體的地方，以及火葬後建立墳墓之處，有的在山頂，有的在山下。《萬葉集》中有相關的和歌：

土形娘子火葬泊瀨山時，柿本朝臣人麻呂作歌一首

泊瀨山谷間
飄蕩的白雲
是阿妹化成的吧
（《萬葉集》卷第三，四二八）

經曠野送到荒山
歸來無比悲痛
（《萬葉集》卷第九，一八〇六）

在山頂上建立墳墓，在逝者的親人們看來，整座山體都被視為逝者。例如下面這兩首短歌：

移葬大津皇子屍於葛城二上山之時、大來皇女哀傷御作歌二首

活在世上的我
從明日開始
只能把二上山
當作弟弟遙望

不覺信手折來
岩石邊的馬醉木
想讓你來觀賞
可已不在人世

右一首、今案、不似移葬之歌。蓋疑、從伊勢神宮還京之時、路上見花感傷哀咽作此歌乎。

（《萬葉集》卷第二，一六五、一六六）

這兩首歌中，便是將山體作為逝者仰望。在飛鳥、奈良時代，這種地理條件的墳墓還有很多事例。

行基的墳墓沒有建在高山上，而是建在一座小丘上。小丘的南側不遠處，有東西走向的道路。墓地南方四百公尺處，是稱為「輿山」的丘陵。輿山頂上的往生院中，安置有阿彌陀佛木像。本尊的地板下面，有一間一點八平方公尺的小屋，供奉著一座高一點八公尺的石塔，四周環繞慶長年間（一五九六年至一六一五年）以後的供養塔婆（梵語 stupa，音譯為窣堵坡、卒塔婆，即佛塔、舍利塔）。

根據鎌倉時代後期東大寺學僧凝然（一二四〇年至一三二一年）的記錄，因為行基的遺體運到此處，所以叫「輿山」，是在這裡進行火葬的，相當於竹林寺的內院，火葬地點和墓地不同。〈大僧正舍利瓶記〉也記載了行基遺體火葬的情形：

二月八日，火葬於大倭國平群郡生馬山之東陵，是依遺命也。弟子僧景靜攀號不及，瞻仰無見，唯有碎殘舍利，然盡輕灰，故藏此器中，以為頂禮之主，界彼山上，以慕多寶之塔。

《續日本紀》「天平勝寶元年（七九四年）二月二日」條中的〈行基傳〉記載：

行基菩薩，留止之處，皆建道場，其畿內凡卌九處，諸道亦往往而在，弟子相繼，皆守遺法，至今住持焉。

另外，《續日本紀》記載，寶龜四年（七七三年）十一月二十日的詔敕中：

故大僧正行基法師，戒行具足，智德兼備，先代之所推仰，後生以為耳目。其修行之院，惣卅餘處。或先朝之日，有施入田，或本有田園，供養得濟；但其六院，未預施例。由茲，法藏湮廢，無復住持之徒；精舍荒涼，空餘坐禪之跡。弘道由人，實合獎勵；宜大和國菩提、登美、生馬，河內國石凝，和泉國高渚五院，各捨當郡田三町，河內國山埼院二町。所冀真筌秘典，永洽東流；金輪寶位，恆齊北極。風雨順時，年穀豐稔。

〈行基傳〉中記載，行基建道場「卌九處」，詔敕中記載，行基修行之院「惣卌餘處」，《行基年譜》中，也能看到這份詔敕中提及的菩提、登美、生馬、石凝、高渚、山埼院的名稱。

四十九院的數字是有來由的。《觀彌勒上生兜率天經》這樣描述彌勒所在的兜率內院：

此摩尼光迴旋空中，化為四十九重微妙寶宮。

行基學習法相（唯識）宗教義，法相宗信仰彌勒菩薩；行基建立四十九院的理想，正是基於這種教義。四十九院並非雄偉的大伽藍，其中有住宅改造的道場，也有農民協助建造的簡易道場。《續日本紀》的〈行基傳〉中，沒有說是寺院，而是「皆建道場」；「道場」應該意味著是簡易設施。

《行基年譜》也只記錄了三座寺院，其他都稱為「院」。不過，其中也有後來民間捐獻以及官府捐贈的建築和資產較多的院，例如上述詔敕中的院。

《行基年譜》是行基去世（七四九年）很久以後的安元元年（一一七五年）

編撰的，是關於行基的二手資料，有必要進行嚴密的分析。透過對行基活動範圍進行整理，四十九院的分布情況如下——攝津十五座：僧院十一座、尼院四座；和泉十二座：僧院九座、尼院三座；山城九座：僧院七座、尼院二座；大和七座：僧院五座、尼院二座；河內六座：僧院四座、尼院二座。僧院共三十六座，尼院共十三座，僧院中與尼院成對的有十一座，單獨的尼院有二座。

值得注意的是，這些寺院大多與社會福利設施的橋、池、溝、引水槽、壕溝、船塢、布施屋的建設相關，大多寺院的名稱也體現了這種情況，例如：善源院．同尼院（壕溝、布施屋）、船息院．同尼院（船塢）、高瀨橋院（橋、引水槽）、狹山池院．同尼院（池）、崑陽施院（池、溝、布施屋）、隆池院（池、溝）、泉橋院（橋、布施屋）等，是其非常明顯的體現。

以上說明，行基的傳道和社會公益事業，是平行進行的，聞法的人們同時還奉獻建設道場、橋、池等的勞力及財物。

行基入寂時，東大寺的大佛鑄造尚未竣工。在大佛營造中，有奉公謹慎、深信釋教、督役指揮有方的佐伯今毛人，有擅長勸進的行基，他們都是大佛營造舉足輕重的人物。

聖武天皇以及橘諸兄，失去了一位可以依賴的人。此時，有人不斷在朝廷的路邊投放匿名信。二月二十一日，聖武天皇不得不「下詔教誡百官及大學生徒，以禁將來」。二十二日，陸奧國守百濟王敬福（六九七年至七六六年）向朝廷報告，在小田郡發現黃金。當時，眾人覺得天皇缺少黃金，懷疑大佛營造難以完成；百濟王敬福的報告，驅散了籠罩在大佛營造上的愁雲。

四月一日，聖武天皇行幸東大寺，令橘諸兄向大佛報告發現黃金的消息，宣命文中喜悅之情溢於言表：

佛，三寶奴仕奉天皇命，盧舍那佛像大前奏賜奏。此大倭國者，天地開闢以來，黃金人國獻言有，斯地者無物念，聞看食國中東方，陸奧國守從五位上百濟王敬福，部內少田郡黃金出在奏獻……食國天下諸國最勝王經坐，盧舍那佛化奉為……衆人伊謝率奉，禍息善成，危變全平，念仕奉間……三寶勝神大御言驗蒙利，天坐神，地坐神相奉奉，又天皇御靈惠賜撫賜事依，顯示給物在念召，受賜歡，受賜貴，進不知，退不知，夜日畏所念……。

宣命中有讚賞大伴、佐伯兩氏的言辭，對貢獻黃金有關的人進行敘位，大多是大伴氏和佐伯氏的人。這一天的儀式，成為大佛營造過程中的一個重要階段。藤原仲麻呂沒有參與敘位，這說明他並非主導初期大佛營造事業的人。

在此次敘位中，《萬葉集》撰者大伴宿禰加持由從五位下晉升為從五位上。五月十二日，大伴加持在越中國衙詠長歌一首和短歌三首，祝賀陸奧國出黃金：

賀陸奧國出金詔書（註一）歌一首並短歌

從高天降臨　葦原的瑞穗國

日神的歷代子孫　統治四方國土

山川遼闊豐饒　奉獻無數珍寶
大君為勸導民眾　開始施行善舉
確信會有黃金
正在擔心之際　遠方傳來喜訊
雞鳴的東國　陸奥小田的山中（註二）　有黃金產出
御心歡快舒暢　天地神靈加持　皇祖御靈相助
遠古出現的事情　在朕的時代再現　國家必將昌盛
遵從神靈的旨意　吩咐文武百官
讓老人和婦孺　心願也得到滿足
這樣的安撫　令人誠惶誠恐　越想越歡心鼓舞
大伴的遠祖　名為久米主（註三）
為官侍奉的宗旨　去海上葬身水中　去山上以草裹屍
在大君的左右　誓死無怨無悔　不負大丈夫清名

從遠古到今世　堪為先祖的子孫
大伴和佐伯氏族（註四）　祖先立下的誓約
子孫繼承不絕　世世跟從大君　美名代代流傳
梓弓握在手中　腰佩銳利的大刀
朝夕警惕守衛　大君的御門
無人能夠匹敵　意氣愈發高昂
聽從大君指示　感到無尚榮光
（《萬葉集》卷第十八，四〇九四）

反歌三首

大丈夫的心中
聽從大君的指示
感到無上榮光

大伴祖先的陵墓
標上顯著的印記
讓人們都知道

天皇代代昌盛
東方的陸奧山
黃金花兒開放

天平感寶元年五月十二日、於越中國守館大伴宿禰家持作之。

（《萬葉集》卷第十八，四〇九五、四〇九七）

四月十四日，聖武天皇再次行幸東大寺，百官並立，授予橘諸兄正一位，任藤原豐成為右大臣，年號改為天平感寶。二十二日，來自陸奧的九百兩黃金送到都城。

同年閏五月十一日，向陸奧介佐伯全成、鎮守判官大野橫刀、大椽餘足人、發現黃金的丈部大麻呂、朱牟須売等敘位；賜與私度沙彌丸子宮麻呂法明，晉升法師之列；煉金的戶淨山、產黃金山的神主日下部深淵也獲得敘位。另外，永遠免除小田郡的調庸，陸奧的小田郡以外的郡，其他諸國每年兩個郡交替免除調庸。

由此可見，發現黃金確鑿無疑。根據考古學調查，產黃金的地點位於宮城縣遠田郡湧谷町黃金迫的黃金山神社。

聖武天皇四月行幸東大寺時，去的是盧舍那佛的前殿，當時大佛殿尚未竣工。同在四月，開始鑄造大佛的脅侍觀音菩薩和虛空藏菩薩。五月五日，大伴加持在越中的國衙，宴請東大寺的占墾地使僧平榮。此後，聖武天皇健康欠佳，閏五月二十日，向東大寺等五大寺捐贈田產、絁、棉、布、稻穀，七月二日讓位。阿倍皇太子繼位，即孝廉天皇，改年號為天平勝寶。

孝廉繼位是光明皇太后指定的。藤原仲麻呂晉升為大納言，光明皇太后的皇后宮職升格為紫薇中台，其長官令一職由藤原仲麻呂擔任。紫薇中台廣聚人才，「妙選、勳賢並列」。

藤原仲麻呂以光明皇太后的權威為中心，形成政府內的政府體制，太政官首席的左大臣橘諸兄的地位受到威脅。對於橘諸兄來說，必須儘早完成大佛的營造事業。

## 大佛鑄造竣工

同年十月，大佛鑄造竣工。十二月，開始鑄造九百六十六個螺髮。天平勝寶二年（七五〇年）正月十日，吉備真備左遷為筑前守；翌年十一月七日，又被任命為入唐副使。他兩度入唐，官位從四位上，比大使藤原清河（七〇六年至七七八年）的從四位下的官位高。《續日本紀》中，沒有藤原清河升為從四位元上的記載，或許是天平勝寶三年十一月七日成為從四位上。即便如此，天平勝寶二年九月二十四日，已經任命大伴古麻呂為副使。首先任命了兩名副使，不得不說這是異常的人事安排。

藤原仲麻呂為了使大伴古麻呂和吉備真備邊緣化，派遣藤原清河監視他們的活動。橘諸兄被奪走了左膀右臂，不得不忍聲吞氣。

天平勝寶四年（七五二年）二月，開始鑄造大佛的銅座。大佛整體鑄造使用銅四九九噸、錫八點五噸、金零點四噸、水銀二點五噸。三月，開始給佛體塗金。不過，尚未竣工，便決定舉行大佛開光法會，以祈禱聖武太上天皇痊癒。二十一日，向開光法會的法師們發邀請函：

皇帝敬請

菩提僧正

以四月八日，設齋東大寺，供養盧舍那佛，敬欲開無邊眼。朕身疲弱，不便起居。其可代朕執筆者，和上一人而已，仍請開眼師，乞勿辭攝受。敬白。

皇帝敬請

隆尊律師

以四月八日，設齋東大寺，欲講《華嚴經》。其理甚深，彼旨難究，自非大德博聞多識，誰能開示方廣妙門。乞勿辭攝受。敬白。

呪願大安寺道璿律師　請書如右

都講景靜禪師　請書如右

使各差五位

天平勝寶四年三月廿一日

景靜是行基的弟子，在生駒山火葬導師時，「攀號不及，瞻仰無見」，將遺骨納入器中。行基沒能等到大佛開光法會便辭世；因此，招請其弟子參加法會。

四月九日，舉行大佛開光法會，這比預定的日期推遲了一天。聖武太上天皇、光明皇太后、孝廉天皇，率領文武百官行幸東大寺，《續日本紀》記錄了前所未有的大佛開光法會盛況：

是日，行幸東大寺，天皇親率文武百官，設齋大會，其儀一同元日。五位已上者，著禮服，六位已下者當色，請僧一萬。既而雅樂寮及諸寺種種音樂，並咸來集。復有王臣諸氏五節、久米舞、楯伏、踏歌、袍袴等歌儛。東西發聲，分庭而奏；所作奇偉，不可勝記。佛法東歸，齋會之儀，未嘗有如此之盛也。

行基入寂後三年，舉行了大佛開光法會。在舉行法會之前的二月二十一日，宣布一度解放為平民的工匠們，再次變為雜戶的身分：

京畿諸國鐵工、銅工、金作、甲作、弓削、矢作、桙削、鞍作、鞆張等之雜戶，依天平十六年二月十三日詔旨，雖蒙改姓，不免本業，仍下本貫，尋檢天平十六年以前籍帳，每色差發，依舊役使。

雖然大佛的細部尚未完成，但是大部分已經完工；就在大佛營造接近完成之前，取消了工匠們的待遇。

大佛開光法會結束後，孝廉天皇沒有返回內官，而是行幸藤原仲麻呂的宅邸「田村第」，在此象徵性暫住。藤原仲麻呂已經接近光明皇太后，關係非常密切，同時也虜獲了孝廉天皇的心。藤原仲麻呂鋒芒畢露，橘諸兄逐步陷入孤立的境遇。

開光法會前後，東大寺的七重西塔已經大體完成。天平勝寶五年（七五三年），開始建造東塔。天平勝寶七年，東大寺講堂竣工。八年二月二日，橘諸兄辭官。五月二日，聖武太上天皇在寢殿崩。九年正月六日，橘諸兄薨。

藤原仲麻呂已經掌握了東大寺營造的指導權，負責大佛和伽藍營造的造東大寺司，以四等官的長官為首，下有事務官的史生、舍人，還有技術官的大工、長上等。天平寶字三年（七五九年）四月，總計人數八千人，實際人員二百數十人負責造佛所、鑄造所、木工所、造瓦所等工作場所，各工作場所驅使工人、勞役、雇民、雜戶、奴婢勞作。原本有更多的勞役、雇民、雜戶，天平寶字六年（七六二年）四月，有勞役一千三百一十二人和雇民一千二百六十二人。

【註釋】

註一：陸奧國出金詔書：天平二十一年（七四九年）二月，陸奧國挖掘出黃金。當時製造中的東大寺盧舍那佛像因金量不足而無法鍍金，聖武天皇為此苦惱。聽到喜訊後，天皇立即下詔給東大寺和國民，將這一消息告知天下。

註二：陸奥小田位於宮城縣遠田郡湧谷町字黄金迫附近。

註三：久米又稱「來目」，《日本書紀．神代紀下》有「大伴連遠祖天之忍日命率領來目部遠祖天槵津大來目」的記載。

註四：大伴氏世代擔任天皇和朝廷的警衛職責。佐伯氏是從大伴氏家中分離出來的分支，主要負責壓制歸伏隼人、蝦夷等異族及宮門的守護。

# 第九章　四十九院和布施屋

前僧正大德行基，智煥心燈，定凝意水，扇英風於忍土，演妙化於季運，聞僧正來儀，歎未曾有。

## 大野寺土塔的營造

之前曾提及，行基去世後二十餘年的寶龜四年（七七三年）十一月二十日，敕令向行基四十九院中的六院捐贈田產，《續日本紀》中記載：

故大僧正行基法師，戒行具足，智德兼備，先代之所推仰，後生以為耳目。其修行之院，惣卅餘處，或先朝之日有施入田，或本有田園，供養得濟；但其六院，未預施例。由茲，法藏湮廢，無復住持之徒；精舍荒涼，空餘坐禪之跡。弘道由人，實合獎勵。宜大和國菩提、登美、生馬，河內國石凝，和泉國高渚五院，各捨當郡田三町，河內國山埼院二町。所冀，真筌秘典，永洽東流；金輪寶位，恆齊北極；風雨順時，年穀豐稔。

四十九院原本是由民間信者建造並維持的，後來又獲得官方的捐贈。六院如詔敕所述，「法藏湮廢，無復住持之徒；精舍荒涼，空餘坐禪之跡」，可知當時已經衰敗，這也反映出豪族等施主們經濟上的盛衰。另外，《續日本紀》中的行基傳記載：

行基菩薩留止之處，皆建道場，其畿內凡卌九處，諸道亦往往而在。弟子相繼，皆守遺法，至今住持焉。

《續日本紀》是八世紀末編撰的，距行基入寂已經過了約半個世紀，但仍可看出，行基的四十九院大多數還在由弟子們維持。四十九院的營造中，最具特色的是建造和泉國大野寺的土塔，《行基年譜》記載：

行年六十歲丁卯

聖武天皇四年神龜五年丁卯

大野寺在和泉國大鳥郡大野村、二月三日起

尼院 同所、今香林寺歟、同年。

大野寺是行基六十歲時，即神龜四年（七二七年）開始建立的。上述《行基年譜》的記載，第二行的「神龜五年」應該是「神龜四年」之誤，神龜五年亦與「聖武天皇四年」矛盾。另外，根據〈大僧正舍利瓶記〉，行基是天智七年（六六八年）出生，六十歲時剛好是神龜四年丁卯。

大野寺又稱為土塔山大野寺，現在是真言宗所屬寺院。在對土塔的挖掘調查中，出土了六萬餘枚瓦當，其中帶有「神龜四年」年號的文字瓦，與《行基年譜》的記載完全相同。

平成十三年（二〇〇一年），在土塔町內埋設下水管的工事中，偶然發現了燒瓦的窯址，距離土塔僅一百七十公尺。這一發現解決了困擾日本史學界多年的土塔瓦來源之謎。

明治七年（一八七四年），堺縣編《和泉國位址》記載，「大野寺，東西十五間一尺，南北二十六間，面積三百九十六坪（一坪合三點三〇五七平方公尺）」。境內有古基石，本堂的東南有土塔，中間有道路相隔；再往前有利用南側坡面修築的水池，名為大門池。可以推定，在奈良時代修建時，是座規模相當大的寺院。

這一地區，以前屬於土師鄉。《行基年譜》記載，行基在大鳥郡的土師鄉修築了土室池和長土池，是否與上述大門池有關則不得而知。行基四十九院中，在近處修築水池的事例很多，大野寺也有附屬水池。

大野寺最大的特色是有土塔，在用土堆積起來的塔上葺瓦，看上去更是奇拔的建築。大量使用竹片刻上人名的文字瓦之出土，很早便引起考古學者和鄉土史學者的注目。土塔的主體是用土築造的，與木塔和石塔的系列不同。奈良市高畑町的塔頭主體也是土造的，《東大寺別當次第》也有土塔的記錄，這些可以和大野寺的土塔納入同系列。

大正三年（一九一四年）春，鄉土史研究學者前田長三郎等人，最先在土塔挖掘出刻有人名的文字瓦。八月，在前田等人的指引下，高橋健自（一八七一年至一九二九年）博士也展開調查。翌年，高橋博士在題為〈古瓦上出現的文字〉的論文中，介紹了土塔中出土的人名瓦。此後，有更多的學者參與古瓦的收集和調查。

第二次世界大戰後的昭和二十一年（一九四六年）秋天，開始從土塔的東北角取土，削平了土塔整體的四分之一，土塔面臨滅頂之災。考古學者和歷史學者們及時發起了保護土塔的運動，土塔所幸被保留下來。

昭和二十二年，未永雅雄（一八九七年至一九九一年）博士在名為〈泉北郡的古文化〉的論文中，闡述了土塔的意義和重要性。森浩一（一九二八年至二〇一三年）也在名為〈對土塔的一方形墳的考察〉的論文中，呼籲保護土塔的必要性。昭和二十六年（一九五一年），大阪府買下了土塔所在的土地，兩年後被指定為國家史跡，由堺市管理。

平成十年（一九九八年）開始，由堺市教育委員會進行挖掘調查。現在的土塔，是基於挖掘調查解明的事實，復原了奈良時代建立時的原貌，復原工程於平成二十一年（二〇〇九年）三月竣工。

昭和三十二年（一九五七年），森浩一又發表了名為〈關於大野寺的土塔和人名瓦〉的論文，由土塔的現狀調查推定出其原形，又對眾多學者以及自己收藏的九十枚人名瓦進行仔細分類，考察人名的階層以及土塔的完成年代；藉由與武藏國分寺遺址出土的人名瓦、文字瓦進行比較，詳細闡述了瓦的捐獻者和寺院的關係，以及有無政治背景等問題。

土塔是加固土堆建造的，呈平頂方錐形，基底的各邊方位幾乎與東南西北一致，東邊五十四公尺、西邊五四點六公尺、南邊五十九公尺、北邊五十六公尺、高九公尺，基底部原本應該呈正方形，初看像是方形墳。森浩一早先的論文認為是方形墳，經過考察後，又更正為土塔；因為其周圍沒有壕溝，也沒有發現土俑和葺石。

從土塔的斷面可以推定，土塔是用夯土的方法建造的。夯土築塔的方法類似現在澆築水泥，按塔身位置放置巨大範本，內倒泥土分批夯打而成，然後在土塔的表面葺瓦。塔體的夯土中完全看不到瓦片，只能在表面的腐土層中發現。

土塔附近發現的人名瓦有九十枚，是捐獻者的名字，或者是以某種形式參與土塔建設者的名字，可以認為都是行基的信徒。九十枚人名瓦中，智雲、蓮光、善智尼等僧尼的名字有十二人，有行基的同族土師、百濟、高志氏，荒田、丹比、大伴等姓氏，是居住在和泉、河內、攝津等地的豪族。除上述以外，大多數是沒有姓氏的人，如東人、平女這樣的名字。

從姓氏推測其生存年代的例子有「高志史□（缺字）」；其姓氏中的「史」和「首」，在天平勝寶九歲（七五七年）改為「毘登」；但是，由於氏族混雜難以區別，又在寶龜元年（七七〇年）改回「史」和「首」。《續日本紀》「寶龜元年九月三日」條有令旨：

又以去天平勝寶九歲，改首、史姓，並為毘登。彼此難分，氏族混雜；於事不穩，宜從本字。

天平神護二年（七六六年）十二月，「和泉國人外從五位下高志毘登若子麿等五十三人，賜姓高志連」，如果將這五十三人解釋為一族全員的話，「高志史□」的生存年代在天平勝寶九歲之前。《續日本紀》「天平寶字（七五九年）三年十月八日」條，有「天下諸姓著君字者，換以公字，伊美吉，以忌寸」；因此，百濟君刀自己和山口伊美吉的生存年代，在天平寶字三年十月以前。而「秦公色夫智」、「□（缺字）忌寸蟲田氣」的生存年代，很可能是天平寶字三年十月以後。這也說明，在行基離世後十年的天平寶字三年，民眾捐獻瓦以及土塔建造工程還在持續進行。

土塔出土的人名瓦主要刻個人姓名，或者只有名字，看不到武藏國分寺人名瓦上，在官方場合必須銘記國、郡、鄉、戶主。由此可以推定，土塔是民眾自發組織建造的，沒有政治強制。

以上是森浩一研究的要點，解明了很多土塔的重要問題。其中，關於天平神護二年十二月賜姓高志連的假設，必須考慮高志毘登若子麿等五十三人並非一族全員的情況，在這種情況下，「高志史□」的生存年代是寶龜元年以後，這也說明在行基離世二十餘年，土塔建造工程尚未竣工。

行基的四十九院中，只有大野寺營造了土塔；這裡是行基的出生地，也是行基最有力的援助者土師氏的居住地。《佛說造塔功德經》以及《佛說造塔功德延命經》等經典，都讚揚建塔的功德：「修上福者，無過造塔」；佛塔是三寶的所依，是佛陀的法身，是佛陀的意所依。

土塔建造工程規模如此之大、耗時如此之長，是因為不需要像建造木塔那樣的專門技術，普通民眾都可以參與進來，這或許正是行基營造土塔的初衷。根據《右繞佛塔功德經》，可以想像當時信者順時針繞佛塔參拜的景象。

## 行基與菩提僊那

日本史學者根本誠二（一九四九年至今）認為，大野寺積土而成之四角錐型的塔，是印度樣式；行基建造這種形狀的塔，是接受了菩提僊那的建議（詳見速水侑編《民眾的導者行基》、吉川弘文館）。

菩提僊那（七〇四年至七六〇年）是天竺婆羅門僧正，天平八年（七三六年）來到日本；菩提僊那的墓地在奈良市的靈山寺，這座寺院原為行基四十九院之一的隆福寺。日本平安時代後期，私人編撰的史書《扶桑略記》中，有菩提僊那赴日的記載。其中提到，他來到日本時，海面上出現千萬座佛塔：

或記云，同年七月，天竺波羅門僧菩薩始來本朝。天皇建東大寺為開講供養，敕書曰，屈請行基大德，右奉為大佛供養講師，屈請如件。辭曰，不堪奉仕大佛會講師事，右從南天竺國可來觀自在菩薩，願相待可被請用講師者。天皇感念，止事待來之間。南天竺迦毗羅衛國，波羅門僧菩薩，為謁文殊師利菩薩，自天竺至大唐五臺山，時老翁逢路告云，文殊為利眾生赴日本國。爰菩薩感念戀慕，為遂本懷，進來此朝。其時行基菩薩奏曰，天竺上師已來，欲行迎者。奉敕，率治部玄蕃雅樂三司，向難波濱奏音樂，於是行基在百僧列，以閼伽一具燒香盛花泛海上，香花自然指西而去。俄頃，遙望西方，小舟來向，近而見，舟前閼伽具等次第不亂，小舟著眼。一云。先見海上，有千萬率都波，人見為奇，盛花燒香供率都波之前。有一梵僧上濱，與行基菩薩攜手相見微笑。先以梵語敬禮，次菩薩詠和歌云，迦毗羅衛爾，昔契甲斐有，文殊之御顏，會見鶴鉋。行基菩薩云，靈山，釋迦之御前契，真如不朽。

率都波，即窣堵坡（梵文 stūpa），又譯卒塔婆、窣都婆、窣堵波、私偷簸、塔婆、率都婆、素覩波、藪鬥婆等，對中國影響最深的名稱是「卒塔婆」，也就是「塔」的名稱來源。為印度地區墓地墳包式樣，後為佛教所用。

《扶桑略記》中，行基介紹菩提僊那為觀自在菩薩，而菩提僊那則稱行基為文殊菩薩。比《扶桑略記》略後成立的《今昔物語集》（一一四〇年）卷第十一第七話，更為生動地描述了行基與菩提僊那相會的情景——

〈婆羅門僧正為見行基從天竺來朝的故事〉

從前，聖武天皇建東大寺舉行開眼供養，有位名叫行基的人被任命為講師。行基說道：「我不能勝任此事，應從外國請講師來。」

為了迎接這位講師的到來，行基啟奏天皇攜百名僧人前往。他站在第一百名僧人的位置上，命治部玄番寮的藝人演奏音樂，前往攝津國難波的海邊，環顧四周，卻沒有看到來人。

這時，行基將一個供佛的寶瓶放如海中，任其漂流；雖然海上風浪很大，但寶瓶沒有破損，遠遠向西漂去，很快便全無蹤影。過了不久，名叫菩提的婆羅門僧正乘小船而來，寶瓶在船頭漂浮。這位僧人正是南天竺人，千里迢迢從天竺趕來參加東大寺的開眼供養。行基預知此事才前來迎接。

婆羅門下船登陸，和行基相互握手，無比喜悅。一個日本人迎接從遙遠的天竺來的人，並一見如故，親暱寒暄，人們都覺得不可思議。行基贈歌道：

在靈鷲山釋迦佛身邊
立下了真實的誓言
真實不朽的誓言
讓我們在此相會

婆羅門返歌道：

我們在迦毗羅衛

立下了誓約

如今得以拜見

文殊菩薩的容顏

人民聽到此歌，才知道行基菩薩原來是文殊菩薩的化身。行基將婆羅門迎請回京，天皇非常高興，任此人為講師，主持東大寺供養。這位婆羅門僧正後來成了大安寺的僧人。

這位僧正原為南天竺迦毗羅衛國人。他祈願希望見到文殊菩薩時，來了一位貴人告訴他說：「文殊菩薩在震旦的五臺山。」他從天竺趕到震旦的五臺山拜訪，途中遇見一位長者告訴他說：「文殊菩薩為了濟渡日本國的眾生，轉生到了那個國家。」他聽說後便決定去日本國。

文殊菩薩在此國轉生為行基菩薩，所以行基菩薩預知這位僧正的到來，並前往迎接。僧正也知道此事，因此，他們一見如故，親密交談。

眾凡夫俗人不知其緣故，才感到十分詫異。

這個故事的第一、二段出自源為憲（?年至一〇一一年）編撰的《三寶繪》中卷（三）的後半部。第三段的出處不詳。第一、二段的內容還見於《俊賴髓腦》、《古事談》三（三）、《私聚百因緣集》七（三）、《三國傳記》二（一二）。《今昔物語集》中插入的和歌也和《三寶繪》完全相同，《三寶繪》的結尾是：

由此可知，行基是文殊。天平勝寶元年二月二日終，時年八十也。居士小野仲廣撰《日本國名僧伝》並景戒造《靈異記》等可見。

這兩則故事明確指出行基是文殊菩薩的化身。在弘仁年間（八一〇年至八二四年）成立的景戒撰《日本靈異記》中，上卷第五「信敬三寶得現報緣」這則故事的主人翁並非行基，但在結尾處提及行基是文殊菩薩的化身：

黃金山者，五臺山也；東宮者，日本國也。還宮作佛者，勝寶應真聖武大上天皇生於日本國，作寺作佛也。爾時並住行基大德者，文殊師利菩薩反化也。

是奇異事也。

在平安時代初期，行基已經被視為文殊菩薩轉世。作為菩提僊那赴日最可信的第一手資料，首先是《續日本紀》與第九次遣唐使相關的記載，摘錄如下：

（一）天平四年八月十七日條：
丁亥，以從四位上多治比真人廣成，為遣唐大使。從五位下中臣朝臣名代，為副使。判官四人，錄事四人。

（二）天平四年九月四日條：
甲辰，遣使于近江、丹波、播磨、備中等國，為遣唐使造舶四艘。

（三）天平五年三月二十一日條：
戊午，遣唐大使從四位上多治比真人廣成等，拜朝。

（四）天平五年三月二十六日條：
癸巳，遣唐大使多治比真人廣成，辭見。授節刀。

（五）天平五年四月三日條：

夏四月，丁酉朔己亥，遣唐四船，自難波津進發。

（六）天平六年十一月二十日條：

十一月，戊午朔丁丑，入唐大使從四位上多治比真人廣成等，來著多禰嶋。

（七）天平七年三月十日條、三月二十五日條：

三月，丁巳朔丙寅，入唐大使從四位上多治比真人廣成等，自唐國至，進節刀。辛巳，朝拜。

（八）天平七年四月二十六日條：

辛亥，入唐留學生從八位下下道朝臣真備，獻唐禮一百卅卷，太衍曆經一卷，太衍曆立成十二卷，測影鐵尺一枚，銅律管一部，鐵如方響寫律管聲十二條，樂書要錄十卷，絃纏漆角弓一張，馬上飲水漆角弓一張，露面漆四節角弓一張，射甲箭廿隻，平射箭十隻。

（九）天平八年八月二十三日條、十月二日條：

八月，戊申朔庚午，入唐副使從五位上中臣朝臣名代等，率唐人三人、波斯人一人，拜朝。冬十月，丁未朔戊申，施唐僧道璿，波羅門僧菩提等，時服。

遣唐使共派遣了十七次，在菅原道真的建議下，第十八次被終止。

（一）「天平四年（七三二年）八月十七日」條中，任命多治比真人廣成為遣唐大使，中臣朝臣名代為副使，這是最早的與第九次遣唐使相關的史料。

（三）「天平五年三月二十一日」條，「遣唐大使從四位上多治比真人廣成等拜朝」，是大使多治比真人廣成赴朝廷參加任命儀式。

（四）「天平五年三月二十六日」條、「四月三日」條，「遣唐大使多治比真人廣成辭見，授節刀」，此為最後的參朝辭別，遣唐使或者征夷大將軍出發時，由天皇授與節刀。節刀是天皇軍事大權的象徵；古代日本人相信，持有節刀的話，無論遇到什麼樣的災難，都可以化險為夷。

（五）「天平五年四月三日」條，四艘遣唐使船由難波津出發。

（六）「天平六年十一月二十日」條，多治比真人廣成等人回到種子島，遣唐使者並未全員返回。

（七）「天平七年三月十日」條，多治比真人廣成等人回國，返還節刀。三月二十五日，朝拜。

（八）「天平七年四月二十六日」條，作為第八次遣唐使留學生的吉備真備也一同回國，並且帶回來《唐禮》等重要典籍。一年後，天平八年八月二十三日入唐副使中臣朝臣名代等人，率唐人三人、波斯人一人拜朝。同年十月，向唐僧道璿和波羅門僧菩提僊那等人賜時服。道璿和菩提僊那二人，無疑是隨遣唐使一同來到日本的。

菩提僊那去世十年後的神護景雲四年（七七〇年）四月二十一日，菩提僊那的入室弟子傳燈住位僧修榮撰寫了〈南天竺波羅門僧正碑並序〉，更為詳細地記述了菩提僊那的事蹟。

菩提僊那姓婆羅遲，婆羅門種姓，翻雪山、泛雲海，冒險到大唐。遣唐使多治比真人廣成和學問僧理鏡邀請菩提僊那赴日本；菩提僊那感其懇志，無所辭請，與林邑僧人和大唐僧人道璿一同前往日本。天平八年（七三六年）五月十八日，到達築紫的大宰府；八月八日，到達攝津國，在此與行基初次見面：

前僧正大德行基，智煥心燈，定凝意水；扇英風於忍土，演妙化於季運；聞僧正來儀，歎未曾有。軼燕王擁帚於郭隗（註一），侔伯喈倒屣於王粲（註二）；主客相謁，如舊相知；白首如新，傾蓋如舊，於是見矣。

〈南天竺波羅門僧正碑並序〉是奈良時代菩提僊那的弟子修榮所撰寫，《續日本紀》則是平安時代初期編撰的正史，比起《今昔物語集》等文學作品，更具有可信性。值得注意的是，行基在〈南天竺波羅門僧正碑並序〉中，是以「前僧正大德行基」的身分出現，如《今昔物語集》等文學作品描述的那樣，確實受到天皇的認可，正式迎接菩提僊那。

〈南天竺波羅門僧正碑並序〉的記載，遣唐使多治比真人廣成和學問僧理鏡，聽說菩提僊那由天竺來到大唐，專程懇請他前往日本。菩提僊那盛情難卻，無法拒絕，因此前往日本。而在《今昔物語集》的故事中，菩提僊那祈願希望見到文殊菩薩，聽說文殊菩薩為了濟渡日本國的眾生，轉生到了日本後，才決定去日本國的。

## 施院和布施屋

前文提到《日本後紀》「弘仁三年（八一二年）八月二十八日」條記載，行基在攝津國，為「孤獨」民設置了一百五十町（約一百五十公頃）惸獨田，在這裡從事宗教活動和社會福利事業。在律令制的《戶令》中，「孤」是指十六歲以下失去父親的人，「獨」是指六十歲以上的無子者。

根據《行基年譜》記載，天平三年（七三一年）三月二十日，行基在攝津國河邊郡山本村動工興建昆陽施院，還建造昆陽上池、下池、昆陽布施屋。

這處道場沒有命名為昆陽院，而是稱為「昆陽施院」，是受容無家可歸者的悲田院式的設施；這個設施的經營，由惸獨田的收入維持。這個地域在豬名川和武庫川之間的臺地，比河床高出許多，汲水困難；因此，修建昆陽池作為臺地上的水源。這裡也是交通要道，適合建造布施屋。

另外，這個地域由豬名部氏控制，治下有渡來系氏族的造船、木工等手工業集團，是自古與中央關係密切的發達地區，佛教也相當普及。通過考古發掘，證明有伊丹寺、豬名寺、蘆屋寺等遺址的存在；已經判明，這些寺院的創建，是在行基進入這個地域之前，或者幾乎相同的時期。

隨著「三世一身法」的實施，開發農田的私有化得到承認；行基修建的水利設施，迅速與這一政策相對應，也符合豬名部氏等豪族的利益。

行基生前建造的橋、池、溝、渠等水利設施，正如《續日本紀》中的〈行基傳〉所述，「百姓至今，蒙其利焉」。這些設施幾乎都是永久性的，不僅為八世紀末的百姓帶來利益，至今依然可以使用。而船塢、布施屋等與交通相關的設施，隨著時代的變遷難免廢置。《行基年譜》引用了《延曆廿三年所司記》

關於行基的九所布施屋的情況：「見三所，破損六所云云」——到了九世紀初葉，布施屋已經破損了六間。

《日本三代實錄》記載，貞觀十八年（八七六年）三月三日，泉寺上表太政官：

故僧正行基，五畿境內建立卅九院，泉橋寺是其一也。泉河渡口正當寺門，河水流急，橋梁易破，每遭洪水，行路不通，當土道俗合力，買得大船二艘、小船一艘，施入寺家，以備人馬濟渡。太政官天長六年（八二九年）、承和六年（八三九年），兩度下符國宰，充配浪人，視護寺家及船橋。而國吏稱非永例，比年無充，望請重被下知，永配浪人，視護寺家及船橋。

泉寺的上表獲得許可，這段記載中沒有提及寺院附屬的布施屋；行基建立的布施屋，此時恐怕已經不存在了。而此處所說的道俗合力買船，仍然保留了民眾協助行基建設布施屋的影響；寺院管理船隻，也保留了布施屋和寺院結合的線索。

總之，行基建立的布施屋，到了平安時代已經荒廢；但另一方面，由他始創的這種社會福利事業，在他離世後，依然對東大寺以及律令政府設置的布施屋帶來影響。

天平寶字五年（七六一年）十一月十七日的〈大和國十市郡池上鄉屋地賣賣券〉中記載，東大寺接受了息長丹生真人廣長捐贈的池上鄉土地三段、板倉一間、板屋三間，用錢六千文購得車持朝臣仲智的池上鄉土地三段和草葺屋一間，在此建造布施屋。池上鄉位於奈良的東南，是磐餘的主要地區，鄉名與磐餘池有關。

此外，作為東大寺建立的布施屋，在寶龜二年（七七一年）二月二十三日的《十市布施屋見在物注進解》中，能夠看到十市布施屋，位於池上鄉西北約四公里的十市，設有布施屋守，有草蓋板倉（五間、戶一具、鏁一具）、板蓋屋（五間、戶二具、鎰一勾）、板屋（十五間、庇十五間）、馬胸衝三枝、折薦疊二枚、席二枚，還栽有棗樹十七棵、楊樹十九棵、梨樹四棵、槐樹一棵、栗樹五棵、橡樹一棵、楮樹二十五棵、枇杷一棵、桃樹九棵、梅樹一棵、柿子樹一棵等，很多是果樹。

當時設置這樣的布施屋，是因為先前的寶字元年（七五七年）十月六日，敕令官府，不得餓死諸國的調庸腳夫，須提供糧食和藥物。這道敕令，是橘奈良麻呂之變後，完全掌握了政權的藤原仲麻呂安撫農民的政策。天平寶字三年（七五九年）六月，東大寺的僧人普照奏請：

道路百姓來去不絕，樹在其傍足息疲乏，夏則就蔭避熱，飢則摘子噉之，伏願城外道路兩邊栽種菓子樹木。

朝廷發出太政官符，命令在畿內七道諸國的驛路兩邊栽種果樹。

天平五年（七三三年），普照入唐招請傳戒師。天平勝寶六年（七五四年），普照與鑑真一同回國。普照上奏種植果樹，是基於佛教的福田思想。西晉沙門法立、法炬共譯《佛說諸德福田經》中，對七福田作了如下敘述：

佛告天帝，復有七法，廣施名曰福田，行者得福即生梵天。何謂有七？一者興立佛圖，僧房堂閣；二者園果浴池，樹木清涼；三者常施醫藥，療救眾病；

四者作牢堅船，濟渡人民；五者安設橋梁，過度羸弱；六者近道作井，渴令得飲；七者造作圊廁，施便利處。

建造佛塔、僧房、堂閣的布施，是施物福田；造園果、浴池、樹木的布施，施藥治病，作舟造橋渡人，掘井供旅人解渴，設立公共便所等，也都是施物福田。上述天平寶字元年的詔敕及天平寶字三年的太政官符，下令修建受容調庸腳夫的布施屋，栽種讓行人解渴的果樹；在諸國的普及情況不明，東大寺在池上和十市設置布施屋、種植果樹，與上述詔敕和太政官符並非沒有關係。

東大寺的大佛開光以後，伽藍的建設還在持續，基本上完成是在延曆二至三年（七八三年至七八四年）。其間，要從東大寺所屬莊園運送必須物資，以及律令國家捐贈給寺院的調庸；東大寺的布施屋，是為了收容來自諸國搬運物資和調庸的腳夫設置的。

在《行基年譜》中，行基動員信者建立的九所布施屋，只能瞭解位置所在，其設施情況不明。雖然不能和東大寺的上述兩所布施屋進行比較；但是，透過羸〈大和國十市郡池上鄉屋地賣賣券〉和《十市布施屋見在物注進解》，可以大致瞭解其設施的形態。

進入平安時代，能夠在相模（約今神奈川縣）看到律令政府建造之布施屋的實例：

太政官符

應官舍帳附救急院一區之事

地三段　屋三宇

三間板葺屋一宇　四面有築垣

開田五十町　見開廿町　未開卅町

已上愛甲、高座二郡。

右，得前相模介從五位下橘朝臣永範解偁，去承和十一年，以俸料稻一萬束造立件院。開發空閒地，納其地子稻，運進調庸百姓貧窮，並班給貧不能自存者，自承和十一年至十四年，總一千一百五十八人。茲因錄八個郡司、百姓等民悅，每年申官。唯不濟公事，兼救民急。若不符官帳徒棄置。望請永載，以傳後世。

承和十五年三月廿一日

根據這份太政官符，承和十一年（八四四年），橘永範在相模的愛甲、高座二郡設立救急院，這是收容調庸腳夫的設施，其中含有布施屋；因此，這個設施整體也可以稱為布施屋。其四年救濟一千一百五十八人，年均二百八十九人。

布施屋不僅可以確保完成公事，還可以救濟運送調庸的貧窮農民；這對律令政府來說，是一舉兩得的政策。撥給腳夫的米，是開發空閒地所繳納的地子稻，即以稻穀的形式繳納的租稅。《三代實錄》「貞觀七年（八六五年）三月二十八日」條記載，「相模國大住、愛甲兩郡空閒地四百町內，以見開田十五町充淳和院」。由此可知，平安時代初期，積極推進東國地區的開發。

承和二年（八三五年）六月二十九日頒發的太政官符，命令在富士河（駿河）、鮎河（相模）架浮橋，在墨俁河（尾張和美濃）、草津渡（尾張）飽海河、矢作河（三河）、大井河（遠江和駿河）、阿倍河（駿河）、太日河（下總）、石瀨河（武藏）、住田河（武藏和下總）增設渡船，在墨俣河的兩岸設置布施屋，其文末有下述內容：

奉敕，如聞，件等河為東海、東山兩道要路，或渡船數少，或橋梁不備。玆因貢調擔夫等來聚河邊，累日經旬不得渡達，彼此相爭，常事鬥亂，身命被害，官物流失。宜下知諸國，預大安寺僧傳燈住位僧忠一，依件令造，講讀師、國司相共檢校。但渡船以正稅買備之，浮橋並布施屋料以救急稻充。一作之後，講讀師、國司以同色稻相續修理，不得令損失。

將其與前文官符對照，鮎河是相模川的古名。承和十一年（八四四年），橘永範在相模的愛甲、高座二郡建造布施屋的位置，應該是承和二年（八三五年）敕令在相模川架設浮橋的渡口附近。其理由，無疑是為瞭解決東海道上之腳夫的困難，沿官道設置的布施屋。

奈良時代，不斷頒布賑恤腳夫和役民的詔敕；但是，看不到律令政府出面建立布施屋的史料，不知賑恤是如何實施的；賑恤或許只是強行推行律令制之政府的口號而已。到了平安時代，架設渡橋建立布施屋的措施，應該是律令國家面對農民陷入衰退期所作出的讓步。

從律令政府在平安時代設置布施屋收容腳夫和役夫這一點上來說，與行基在奈良時代帶領民眾建立的布施屋相同。不同的是，行基建立的布施屋，是為了積極回應農民的願望；律令政府設立布施屋，則是對農民做出讓步。

## 大僧正舍利瓶的出現

距行基去世四百八十六年後的嘉禎元年（一二三五年）八月二十五日，竹林寺的僧人和信者，依照「神啟」挖掘行基墓地，發現了八角形的石筒，裡面有雙重的銅筒，其內側的筒上刻有〈大僧正舍利瓶記〉，也稱為行基墓誌銅板。其內側有銀瓶，瓶蓋上飾有瓔珞，瓶頸上附的銀薄板上刻有「行基菩薩遺身舍利之瓶」，銀瓶中納有行基的舍利。

九月，僧人寂滅在向唐招提寺提交的〈注進狀〉中，報告了當時發現行基舍利瓶的情況，翌年嘉禎二年的〈生馬山竹林寺緣起〉中也有記載。〈注進狀〉中附有〈大僧正舍利瓶記〉寫本，在唐招提寺保存至今。

嘉禎二年六月二十四日，舍利瓶被帶到京都展出。《百鍊抄》中記載：

中山觀音堂邊，稱行基菩薩遺骨，細瓶安置之。參詣之輩自由取出之，如粉物云々。

《續史愚抄》記載，弘長三年（一二六三年）三月二十五日，在東大寺舉行行基舍利供養，敕使前來參謁，演奏舞樂。此後，興起行基墓地信仰，在墓地建起廟塔堂舍，懸掛大聖竹林寺的門額。

嘉元三年（一三〇五年），東大寺的學僧凝然（一二四〇年至一三二一年）實地調查行基墓，根據〈大僧正舍利瓶記〉，記錄了舍利出現的由來，撰寫〈竹林寺略錄〉。應長元年（一三一一年），凝然又撰寫《三國佛法傳通緣起》，將聖武天皇、菩提僊那、良弁僧正、行基菩薩，稱為「東大寺四聖」。

大正四年（一九一五年），梅原末治博士調查行基墓誌銅板時，發現了銅板的殘片，由住在輿山腳下有裡村的高瀨音吉氏收藏。高瀨氏稱自己是行基門人的子孫，是自古與行基墓地有關的家族。銅板的殘片呈三角形，長十公分、寬六點七公分、厚零點六公分，能看出是圓筒形的殘片，表面有磨損的鍍金痕跡。殘片上有四行十八個字：

年別
備特居其上
一年二月二日丁
於右京

梅原末治博士認為，這塊銅板殘片的銅色與備中國（岡山縣）小田郡東三成村國勝寺所藏的「下道國勝寺等母夫人骨藏器」相同，古色蒼然，刻字深而遒勁，酷似當時流行的墓誌銅板。上述十八個字，與唐招提寺藏〈大僧正舍利瓶記〉寫本一致，可以認定是行基安葬時的舍利瓶殘片。

唐招提寺藏〈大僧正舍利瓶記〉寫本有二十行，各行字數不同，最多的十八個字，最少的四個字。全文如下：

大僧上（正？）舍利瓶記

和尚法諱法行，一號行基，藥師寺沙門也。俗姓高志氏，厥考諱才智，字智法君之長子也，本出於百濟王子王爾之後焉，厥母蜂田氏諱古爾比賣，河內國大鳥郡蜂田首虎身之長女也，近江大津之朝戊辰之歲，誕於大鳥郡，至於飛鳥之朝壬午之歲出家歸道，苦行精勤，誘化不息，人仰慈悲，世稱菩薩。是以天下蒼生，上及人主，莫不望塵頂禮，奔集如市，遂得聖朝崇敬，法侶歸服。天平十七年，別授大僧上之任，並施百戶之封。於時僧綱已備，特居其上；雖然不以在懷，勤苦彌厲。壽八十二，廿一年二月二日丁酉之夜，右肋而臥，正念如常，奄終於右京菅原寺，二月八日，火葬於大倭國平群郡生馬山之東陵，是依遺命也，弟子僧景靜等攀號不及，瞻仰無見，唯有碎殘舍利，然盡輕灰，故藏此器中，以為頂禮之主；界彼山上，以慕多寶之塔。

天平廿一年歲次己丑三月廿三日沙門真成

唐招提寺藏〈大僧正舍利瓶記〉，記載了行基的法諱、父母的名字、出生的郡名、出家的年代、享年等，是《續日本紀．行基傳》中看不到的。應該注意的是，《續日本紀》記載，行基「薨時年八十」，〈大僧正舍利瓶記〉訂正為「壽八十二」。

又，由〈大僧正舍利瓶記〉可以得知，大佛開光法會上，擔任都講的景靜是行基的弟子；這也證明，行基與東大寺大佛營造事業的密切聯繫。

【註釋】

註一：戰國時代，燕昭王為報齊侵燕之仇，拜訪郭隗，求計問策。郭隗以古人千金買骨為例，鼓勵燕昭王廣納社會賢才；燕昭王便尊郭隗為師，並建築「黃金臺」供郭隗居住。此舉引起天下震動，他國有才能的人皆來歸附燕國。「擁帚」則是指，燕昭王曾親自掃路以禮迎賢士鄒衍；恐灰塵飛揚，便用衣袖擋帚。

註二：《三國志．卷二一．魏書．王粲傳》記載，東漢文壇領袖蔡邕（字伯喈）聽到「建安七子」之一的王粲來訪時，來不及穿上鞋子，就倒拖著鞋出門迎接。後藉此形容對賢才或貴賓的熱情迎接。

# 第十章　行基的思想

曠路作好井，種植園果施，樹林施清涼，橋船渡人民，布施修淨戒，智慧舍慳貪；功德日夜增，常生天人中。

## 福田和菩薩

關於行基的思想基礎，即《續日本紀》中的〈行基傳〉記載：「初出家，讀瑜伽唯識論，即了其意。」其中的「瑜伽唯識論」，即《瑜伽師地論》和《成唯識論》，都是玄奘翻譯之法相唯識宗教義的重要典籍。行基的社會事業活動背後，與作為瑜伽師地論和大乘法相之根本的唯識論有密切關聯。

唯識論由玄奘傳道昭、道昭傳行基。「瑜伽唯識論」中，《瑜伽師地論》是教化無量眾生修行滅苦的經典，《成唯識論》重視與小乘戒相對之大乘戒的菩薩行。在行基的民間活動中，具體展現了這些教義，與行基的佛教活動有著密切的內在聯繫。

另外，如前文所述，行基早在慶雲元年（七〇四年），就已經在元興寺禪院學習三階教的經典，注意到山林修行的自利性。行基接觸到否定山林修行、主張在人群中弘揚佛法的三階教經典後，對自己原本的山林修行方式產生了懷疑，進而中斷持續了十餘年的山林修行。

行基一生成就的事業中，最直接的思想基礎，是諸經中論述的「福田」思想。所謂福田，指如田園能生長萬物一般，若行布施，乃能生福；意即將布施的物品比喻成種子，布施的接受者則是能令施者生福的良田。原本只有如來是福田；後來福田的範圍不斷擴大，從阿羅漢、眾僧，乃至於包括父母、師長、老人、病人、窮人等等。隨著福田思想的發展，「福田」一詞的意思，便包含了布施物品的接受者，以及各種布施行為。

福田思想是支持布施行的思想，布施行是立志成佛的菩薩行，處於六波羅蜜（布施、持戒、忍辱、精進、禪定、智慧（般若））的首要位置。簡言之，福田思想伴隨著大乘菩薩佛教共同發展。

在小乘部派佛教時代，福田思想的發展就已經相當成熟。例如，大眾部的律藏《摩訶僧祇律》中，有以下內容：

> 曠路作好井，種植園果施，樹林施清涼，橋船渡人民，布施修淨戒，智慧舍慳貪；功德日夜增，常生天人中。

上座部的律藏《四分律》中，也有幾乎相同的內容。西元前三世紀的第二次集結時，上座部和大眾部分裂。同世紀中葉的阿育王時代，教團的分派活躍，各部派傳承各自的經藏、律藏，《摩訶僧祇律》和《四分律》所說的是西元前三至二世紀的內容。

最早出現的經藏是阿含系經藏，於西元前二世紀形成。其中的《增一阿含經》、《雜阿含經》、《長阿含經》，都有福田思想的內容。如《增一阿含經・卷第二十七・邪聚品第三十五》云：

復有五施令得大福。云何為五？一者造作園觀；二者造作林樹；三者造作橋梁；四者造作大船；五者與當來過去造作房舍住處。是謂，比丘，有此五事令得其福。

爾時，世尊便說此偈：

園觀施清涼，及作好橋梁；
河津渡人民，並作好房舍。
彼人日夜中，恆當受其福；
戒定以成就，此人必生天。

《增一阿含經》中，福田行的主體是比丘；透過實修上述五種福田行，可以往生天界。

西元一世紀，隨著大乘佛教運動的盛行，福田思想也隨之持續發展。發願成佛的佛教徒，建造向所有人開放的住所，修築供養一切眾生的浴池；以及為了一切眾生的安樂，挖掘水井……各種福田修行實踐，不勝枚舉。

在大乘經典中，福田行的果報，並非轉生天界；而是依菩薩的因緣行，得佛身的功德，能獲得無上佛之菩提，福田行被視為菩薩行。福田的種類也不斷增加，出現了「七福田」說及「八福田」說。

《高僧傳》和《續高僧傳》中，各有約五百位僧尼的傳記，有各種實踐福田行的事例。在行基求學時期的和銅年間（七〇八年至七一四年），這兩部高僧傳確實被帶到日本；在修行路途上探索的行基，為了尋求答案，極有可能閱讀過這些書籍。

《摩訶僧祇律》、《四分律》、《雜阿含經》、《增一阿含經》、《菩薩行五十緣身經》、《六十華嚴經》、《諸德福田經》中，有各種福田的種類，將上述經律中的福田種類歸納起來有十二種：一、挖水井；二、園果；三、樹蔭；四、架橋；五、渡船；六、浴池；七、僧房堂閣；八、旅客舍；九、道路；十、飲食；十一、醫藥；十二、建廁所。

兩高僧傳中，實踐福田行種類較多的是開皇九年（五八二年）去世的萬天懿（元魏譯經居士，本姓拓跋），他供養僧人、施捨窮人、教化獄囚、放生、挖義井、建寺院三座、收容病人。

行基實踐的福田行種類，比萬天懿更多。行基的福田行中建立的社會福利設施，包括橋、池、溝、引水槽、壕溝、船塢、布施屋等，這是在經典以及中國僧人的福田行實踐中看不到的，尤其值得注意的是航運和水利設施的建設。行基建立的四十九院，大多與灌溉設施相結合；在奈良時代的僧侶福田行實踐的事例中，可謂獨樹一幟。

福田思想是支撐布施行的理論；前述經典中的福田行，還包含面向社會的布施行，六波羅蜜行亦包含了布施行，這是相當於菩薩的大乘修行者必須實踐的修行。從這一點來看，如《續日本紀・行基傳》和〈大僧正舍利瓶記〉所記載的那樣，必須注意的是，行基在生前就被稱為「菩薩」的事實。菩薩思想在區別大乘佛教和小乘佛教上，具有決定性的意義。

如前文所論，行基接觸到否定山林修行，主張在人群中弘揚佛法的三階教經典後，對自己的修行方式產生了懷疑，進而中斷持續了十餘年的山林修行。開皇三年（五八三年），三階教之祖的信行（五四一年至五九六年）在相州光嚴寺發十六願，願為皇帝、諸師父母乃至一切眾生，施捨身命財務，建立禮佛、轉經、眾僧、眾生、離惡、頭陀、飲食、食器、衣服、房舍、床坐、燈燭、鐘唄、香、柴炭、洗浴十六種無盡藏行，「願施無盡，日日不斷」，直至成佛為期，這些都是與布施供養相關的誓願。

信行的教團是發願無限量布施生活必需品的出家和在家的菩薩集團，布施的前提是聚集錢財；因此，出家者不斷行乞食行，在家者行喜捨行。

行基的情況或許也和信行一樣，發願實踐諸經典所說的福田行；在其實踐的過程中，則包括諸經典中看不到的福田，例如，修築池、溝、引水槽、壕溝等農業設施。農業灌溉設施的建設，是因官府的巨大壓力、及行基保護知識結的現實要求，當然也是「三世一身法」引發出來的結果。

# 教化和菩薩戒

行基是教化諸相，與菩薩戒有密切關聯。佛教中的戒，是佛教徒必須遵守的行動規範，也是佛教徒自律的精神層面的道德規範；戒與定、慧，同為佛教的三學之一。

菩薩道即菩薩的修行，是自利利他兼備的修行實踐。菩薩戒即大乘菩薩所受持之戒律，又作大乘戒、佛性戒、方等戒、千佛大戒；反之，小乘聲聞所受持之戒律，稱小乘聲聞戒。菩薩戒之內容為三聚淨戒，即攝律儀戒、攝善法戒、饒益有情戒等三項，亦即聚集了「持律儀、修善法、度眾生」等三大門之一切佛法，作為禁戒以持守之。通常以瑜伽戒（引自《瑜伽師地論》）或者梵網戒（引自《梵網經》）為大乘菩薩戒，以判別不同的戒相。

行基的行為以及反映出來的戒相是瑜伽戒。在彌勒菩薩口述、無著記錄、玄奘譯於貞觀二十三年（六四九年）的《瑜伽師地論·本地分菩薩地初持瑜伽處戒品》中，有四條重戒、四十三條輕戒——

**菩薩四重戒**為：

一、自贊毀他戒；二、吝嗇財法戒；三、瞋不受他人懺戒；四、譭謗壞亂正法戒。

**四十三條輕戒**可分為：

**攝善法戒**

障布施度：一、不供三寶戒；二、貪圖名利戒；三、不敬尊長戒；四、不往應供戒；五、不受厚施戒；六、不布施法戒；七、棄舍惡人戒；

障持戒度：八、與聲聞共學戒；九、與聲聞不共學戒：（一）不共學之遮戒、（二）不共學之性戒（殺生戒、不與取戒、邪淫戒、妄語戒、兩舌戒、惡口戒、綺語戒）；十、住邪命法戒；十一、掉動嬉戲戒；十二、倒說菩薩法戒；十三、不護雪譏謗戒；十四、不行楚罰戒；

障忍辱度：十五、瞋打報復戒；十六、不懺悔謝罪戒；十七、不接受懺悔戒；十八、懷忿不舍戒；

障精進度：十九、染心御眾戒；二十、嗜好睡眠戒；二十一、虛度時光戒；

障禪定度：二十二、不求教授禪法戒；二十三、不除五蓋煩惱戒；二十四、貪味禪定靜慮戒；

障般若度：二十五、不學小乘法戒；二十六、背大向小戒；二十七、舍內學外戒；二十八、愛樂異論戒；二十九、不信深法戒；三十、愛恚贊毀戒；三十一、驕慢不聽正法戒；三十二、輕視譭謗法師戒；

**攝眾生戒**

障同事攝：三十三、不為助伴戒；三十四、不往看病戒；

障愛語攝：三十五、非理不諫戒；

障布施攝：三十六、有恩不報戒；三十七、不慰患難有情戒；三十八、有求不施戒；三十九、不如法攝眾戒；

障利行攝；四十、不隨順眾生戒；四十一、不隨喜讚揚戒；四十二、不行威嚴折服戒；四十三、不現神通震攝戒。

《瑜伽師地論》是大乘佛教瑜伽行唯識學派及中國法相唯識宗的根本論書，亦是玄奘西行所取的重要經典。「瑜伽」（yoga）是作為禪定或止觀的代名詞；所謂瑜伽行，就是修行種種禪定觀行；其中最常用者，為小乘部派所修之數息觀與不淨觀。

至於「瑜伽師」者，亦即自作修行乃至講述傳授瑜伽諸法之師；修習種種觀行的佛教僧侶，便被尊稱為瑜伽師或觀行師。這些瑜伽行者，即是瑜伽行唯識學派的先驅。「瑜伽師地」，即指瑜伽師所依、所行的境界。

瑜伽戒是在家、出家通用的一切戒，是三聚淨戒中的「饒益有情戒」之諸相。行基從事的諸多社會事業，都與饒益有情戒的戒相有關聯。

另外，行基的探望病人、建立僧舍、教化民眾等行動，也和《梵網經》的四十八輕戒有關聯。

《梵網經》是佛教大乘戒律經典，現存為《梵網經．盧舍那佛說菩薩心地戒品第十》，後秦鳩摩羅什譯，分上下兩卷。上卷敘述釋迦牟尼從第四禪摯接大眾到蓮華藏世界見盧舍那佛，問一切眾生以何因緣得成菩薩十地之道，所得果是何等相，以及盧舍那佛說菩薩修道階位四十法門。下卷述說釋迦牟尼受教已，示現降生、出家、成道、十處說法，於摩醯首羅天王宮，觀諸大梵天王網羅幢，因說無量世界猶如網孔，一一世界各各不同，佛教法門亦復如是。

隋代天台宗智者大師（智顗）所著的《菩薩戒義疏》，是《梵網經》的注釋書；因智者大師特加講習弘揚，從此該經被作為大乘律而受到重視，並成為中國漢地傳授大乘戒最有權威的典籍，為大乘各宗所通用。

梵網戒中有十重戒，四十八輕戒——

**十重戒**是：

一、菩薩慈悲為懷，方便救護一切眾生，凡有命者不得故殺。

二、菩薩應生佛性，公正仁義，助一切人生福生樂。

三、菩薩清心寡欲，教化救度一切眾生，自修梵行與人淨法。
四、菩薩正語正見，亦令眾生正語正見。
五、菩薩教令眾生明達聰慧。
六、菩薩護持出家、在家菩薩、比丘僧尼；若聞外道邪見惡人，言佛法中非法非律，應生慈心實施教化，令其產生大乘善信。
七、菩薩應代眾生受他毀辱，好事與人，惡事歸己。
八、菩薩慷慨施捨，見來乞求諸貧窮人，隨其所需一切給與。
九、菩薩慈愛寬恕，勸諸眾生無諍向善。
十、菩薩竭力護持三寶。

《菩薩戒義疏》中，智者大師整理的梵網戒四十八輕戒如下：

一、不敬師友戒；二、飲酒戒；三、食肉戒；四、食五辛戒；五、不教悔罪戒；六、不供給請法戒，七、懈怠不聽法戒；八、背大向小戒；九、不看病戒；十、畜殺眾生具戒；十一、國使戒；十二、販賣戒；十三、謗毀戒；

十四、放火燒戒；十五、僻教戒；十六、為利倒說戒；十七、恃勢乞求戒；十八、無解作師戒；十九、兩舌戒；二十、不行放救戒；二十一、瞋打報仇戒；二十二、憍慢不請法戒；二十三、憍慢僻說戒；二十四、不習學佛戒；二十五、不善和眾戒；二十六、獨受利養戒；二十七、受別請戒；二十八、別請僧戒；二十九、邪命自活戒；三十、不敬好時戒；三十一、不行救贖戒；三十二、損害眾生戒；三十三、邪業覺觀戒；三十四、暫念小乘戒；三十五、不發願戒；三十六、不發誓戒；三十七、冒難遊行戒；三十八、乖尊卑次序戒；三十九、不修福慧戒；四十、揀擇受戒戒；四十一、為利作師戒；四十二、為惡人說戒戒；四十三、無慚受施戒；四十四、不供養經典戒；四十五、不化眾生戒；四十六、說法不如法戒；四十七、非法制限戒；四十八、破法戒。

《續日本紀》等日本正史中，記載了行基的諸種教化行為，都與菩薩戒相關。前文提到《續日本紀》養老元年（七一七年）四月二十三日的天皇詔；於詔令中，行基被貶為「小僧」，行基的社會活動也被指責違犯僧尼令：

凡僧尼，寂居寺家，受教傳道。准令云：其有乞食者，三綱（僧正、僧都、律師）連署，午前捧鉢告乞，不得因此更乞餘物。方今，小僧行基並弟子等，零疊街衢，妄說罪福，合構朋黨，焚剝指臂，曆門假說，強乞餘物，詐稱聖道，妖惑百姓，道俗擾亂，四民棄業；進違釋教，退犯法令。

「其有乞食者，三綱連署，午前捧鉢告乞」；釋迦以來的佛教團體中，乞食行是比丘必須的修行，比丘的食物通常來自乞食。但是，律令制國家僧尼令第五的「非寺院條」中規定，乞食行需要通過繁瑣的手續，才能夠獲得官府的許可。乞食行是每位比丘都必須從事的修行，如果遵守僧尼令，就會違背菩薩戒。《梵網經》中的第四十七輕戒是：

佛子，菩薩滿懷信心受佛教戒，應當接受眾人供養。若有受戒國王、太子百官、四部弟子，自恃高貴，破佛戒律，明作禁令，阻四部眾出家修道；不許建塔、雕繪形像、抄印經律；設官管轄，立簿記僧；目無戒律，廣行非法，如是做者，犯輕垢罪。

禁止僧尼在街衢乞食的命令，是養老二年（七一八年）十月發布的，養老六年七月再次發布。行基集團堅守菩薩戒，沒有遵守僧尼令。

「零疊街衢，妄說罪福」這條雖然違反律令制國家的僧尼令第五的「非寺院條」，但是符合《梵網菩薩戒經》中的「輕垢戒」第四十五條：

佛子，菩薩行至一切處所，皆勸眾生發菩提心。

「焚剝指臂」是燃臂、燃指，違反僧尼令第二十七的「焚身捨身條」，符合「輕垢戒」第十六條：

佛子，菩薩先學大乘威儀、經論戒律，廣開義解。爾後若見初學菩薩，遠道來求大乘經律，應當如法說諸苦行，譬如燒身、燒臂、燒指。若不焚燒身或臂指供養諸佛，即非真正出家菩薩。若遇饑餓虎狼獅子以及餓鬼，悉應捨棄身肉手足而為供養，爾後次第為說正法，使其終獲心開意解。如若菩薩，利令智昏，應答不答，倒說經律，無前無後，有辱三寶，犯輕垢罪。

「詐稱聖道，妖惑百姓」所指的「聖道」，根據僧尼令集解「觀玄象」條中的解釋，是「四果聖人」。在小乘佛教中，四果是修道的階位，即初果須陀洹、二果斯陀含、三果阿那含、四果阿羅漢。

在大乘佛教中，菩薩於十地修行證果，亦有淺深始終不同，故借小乘四果之位以區別之，是名大乘四果。菩薩「十地」則指：歡喜地、離垢地、發光地、焰慧地、難勝地、現前地、遠行地、不動地、善慧地、法雲地。

由此可以看出，在行基的信者集團中，有自稱在菩薩階位上不斷上升的人。取得果位的菩薩，具有神足及天眼等超人間的神通力；這意味著，行基的弟子在教化之際，聲稱自己是具有神通力的聖人。

即使具有神通力，在教化之際並不行使神通，因是違法戒律的——《瑜伽師地論》第四十三輕戒即「不現神通震攝戒」。

另外，〈大僧正舍利瓶記〉中記載：

誘化不息，人仰慈悲。

《日本後紀》「弘仁三年八月癸丑」條記載：

在攝津過惇獨田，故大僧正行基法師，為矜孤獨所置也。

〈大僧正舍利瓶記〉和《日本後紀》的記載，也都是梵網戒和瑜伽戒中的戒律。總之，行基的上述教化諸相，都是以大乘菩薩戒思想為基礎的。

## 行基與雜密

正倉院文書中，有一份〈優婆塞貢進文〉（《大日本古文書》二十四卷三〇二頁）：

丹比連大歲

大養德國城下郡鏡作鄉戶主立野首斐太麻呂戶口

讀經　法華經一部並破文

最勝王經一部

千手千眼經
藥師經
誦經　八名普密經
多心經
觀世音經
師主藥師之寺師位僧行基
淨行五年

優婆塞貢進文，是申請公認的得度時，向政府提交的申請文書。這份優婆塞貢進文，是一位名叫丹比連大歲的人提交的得度申請，即希望成為官度僧。文書中記載，丹比連大歲的師主是行基；由此可知，丹比連大歲是行基的弟子。

這份文書中沒有記載日期；根據井上薰的考證，推定時間在天平十二年（七四〇年）之後，天平十七年（七四五年）以前（井上薰〈行基和鑑真〉，載於家永三郎編《日本佛教思想的展開》、平樂寺書店、一九五六年）。這是行基得到政府高度評價之後的事情，行基作為師主申請弟子得度。

這份優婆塞貢進文中列舉的經典，是丹比連大歲以申請政府公認得度為目標誦讀的經典；因此，有必要加以挖掘分析。

丹比連大歲讀的前兩部經是《法華經》和《金光明最勝王經》，這是成為官度僧的必修經典，希望取得官度僧資格的人都須學習這兩部經。誦經中的「多心經」，即《般若心經》，「觀世音經」，即《觀音經》，也就是《法華經．觀世音菩薩普門品》，都是基礎經典。問題是，除此以外的《千手千眼經》、《藥師經》、《八名普密經》。

前文已經論述，行基學習的是瑜伽唯識論；行基的這位弟子丹比連大歲卻沒有學習這方面的經典，學習的是雜密系統的經典——《八名普密經》，即玄奘於六五四年翻譯的《八名普密陀羅尼經》，解說唱誦八名普密陀羅尼的功德廣大甚深，屬於雜密經典。

千手千眼觀音有千隻手，掌心各有一隻眼睛，是雜密系統的變化觀音。《千手千眼經》，即伽梵達摩於六五〇年翻譯的《千手千眼觀世音菩薩廣大圓滿無礙大悲心陀羅尼經》，簡稱《千手千眼陀羅尼經》，解說千手千眼觀音陀羅尼的功德，也屬於雜密經典。

《藥師經》，即玄奘於六五〇年翻譯的《藥師琉璃光如來本願功德經》，是面向現世利益的經典，有顯著的密教傾向。

在日本，由空海傳入的系統化的密教稱為「純密」，而此前非系統化的密教稱為「雜密」。雜密是以唱誦諸尊的陀羅尼為中心，祈求治病、求子、延命等現世利益的密教。行基弟子學習的正是這種獲取現世利益的雜密系統之經典。

從現存奈良時代的優婆塞、優婆夷的貢進文來看，學習獲取現世利益的雜密系統經典是普遍傾向，不能說是行基弟子的特色。重視佛教咒術，是八世紀日本佛教的一大特色，行基集團也處於這股時代潮流之中；或者可以說，這股潮流的形成，也與行基集團有很大關係。這份文書，是傳達上述資訊的重要文獻。

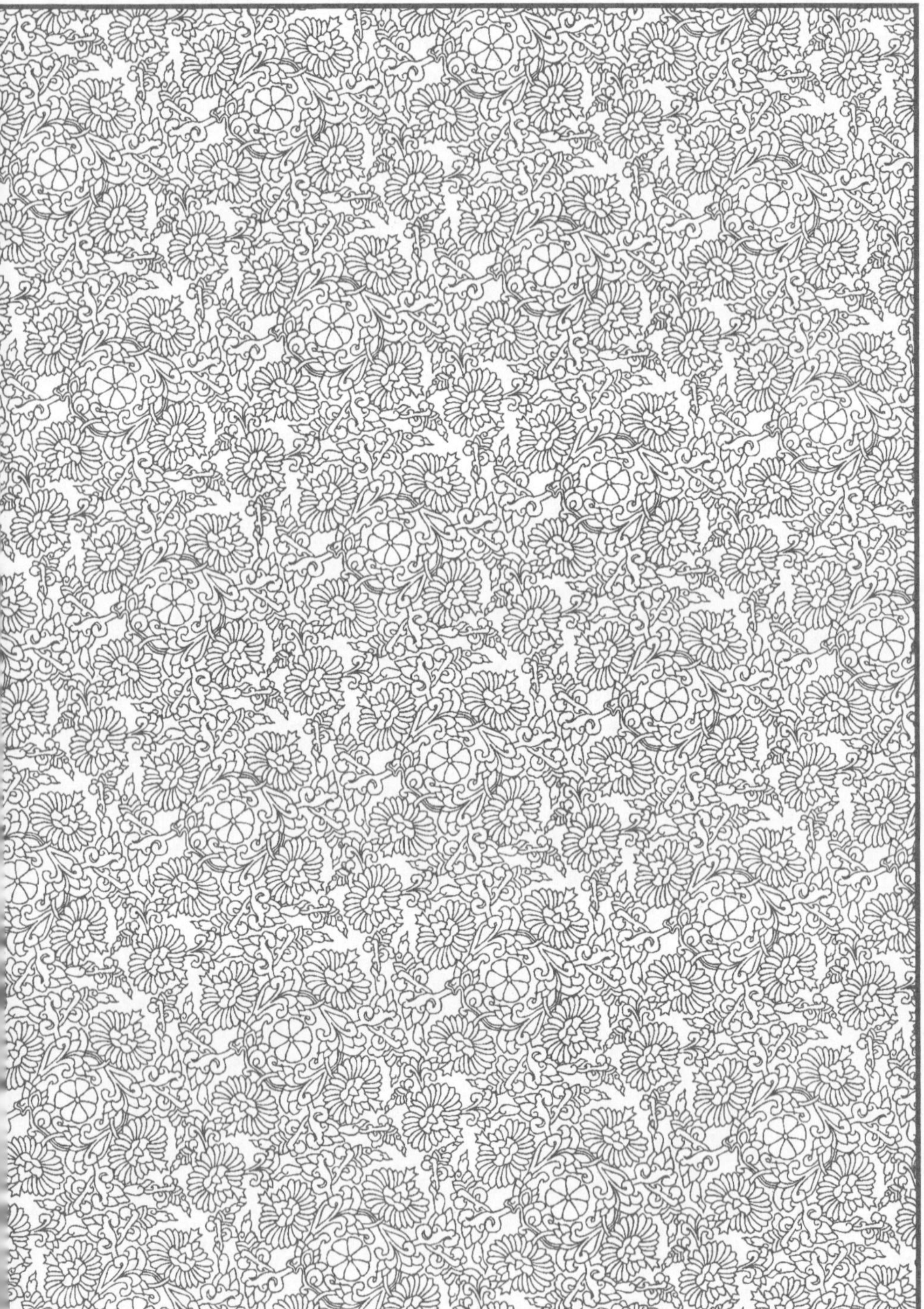

# 影響

# 壹・行基和日本文學

在靈鷲山釋迦佛身邊／立下了真實的誓言／真實不朽的誓言／讓我們在此相會

## 行基創作的短歌

與行基相關的說話和日本的和歌集中，收錄了七首行基創作的和歌。

一、《日本靈異記》一首

《日本靈異記》，全三卷，書成於八二二年，著者是藥師寺的僧人景戒。中卷第二話「見烏邪淫厭世修善緣」，這則故事的主人翁信嚴禪師，見屋前樹上的烏鴉不忠於伴侶，厭世出家，跟隨行基修善求道。信嚴禪師先於行基離世，行基大德哭詠作歌曰：

（一）烏といふ大をそ鳥のことをのめ共にいとひて先だち去ぬる

漢譯：

見過不忠的烏鴉

你說同生共死

卻先離我而去

## 二、《拾遺和歌集》三首

《拾遺和歌集》是花山院（花山天皇）在藤原長能、源道濟等近臣歌人們的幫助下編撰的，大致成立於寬弘四年（一〇〇七年）。

（二）靈山の釈迦のみまへにちきりてし真如くちせすあひ見つるかな

漢譯：

在靈鷲山釋迦佛身邊

立下了真實的誓言
真實不朽的誓言
讓我們在此相會

（三）法華経をわが得しことは薪こり菜つみ水汲み仕へてぞ得し

漢譯：
我學習法華經的心得
从砍柴摘菜汲水中體悟

（四）百くさに八十くさ添へて賜ひてし乳房の報今日ぞ我がする

漢譯：
我如今千百倍報答
母親哺育的恩情

三、《新古今和歌集》一首

元久二年（一二〇五年）三月，由後鳥羽天皇（時為太上天皇）主持，由參議右衛門督源通具、大藏卿藤原有家、左近衛權中將藤原定家、前上總介藤原家隆、左近衛權少將藤原雅經等人編纂完成的和歌集《新古今和歌集》中，收錄了一首行基創作的短歌。

題詞：難波の御津寺にて、蘆のそよぐを聞きて。

（五）蘆そよぐ潮　の波のいつまでか浮世の中に浮びわたらん

漢譯：

題詞：在難波的御津寺，聽蘆葦葉沙沙作響。

蘆葉沙沙作響
潮汐中的波浪
在虛幻的塵世漂蕩
何時能有盡頭

四、《新敕撰和歌集》一首

《新敕撰和歌集》是鎌倉時代的敕撰和歌集。永貞元年（一二三二年），藤原定家奉後堀河天皇敕令開始編撰，文曆二年（一二三五年）完成。

（六）法の月久しくもがなと思へ共さ夜更けにけり光かくしつ

漢譯：

期望真如之月
永遠照耀眾生
卻在深夜裡
遮掩起了光芒

五、《玉葉和歌集》一首

《玉葉和歌集》為中伏見天皇勅命京極為兼編撰的，完成於正和元年（一三一二年），其中收錄了一首行基創作的短歌：

（七）山鳥のほろほろと鳴く声聞けば父かとぞ思ふ母かとぞ思ふ

漢譯：

山裡的鳥兒
鳴叫不停
思念父親
思念母親

## 行基故事的產生及發展

### 一、《日本靈異記》

《日本靈異記》，全三卷，書成於八二二年，是日本最早的民間故事集。著者是日本奈良藥師寺的僧人景戒，全稱《日本國現報善惡靈異記》。

著者圍繞講解善惡因果報應之道理，輯錄從雄略帝到嵯峨天皇近四個世紀之間的奇瑞談百餘則，大體按年代順序排列。

著者在自序中說，因受佛教思想影響，解說世間善惡因果報應，勸惡向善，並有感於本國佛法奇異事不被傳錄，因此仿照中國的先行佛教說話集——包括唐代唐臨的《冥報記》及唐代孟獻忠的《金剛般若集驗記》——編撰而成，當時日本民間流傳的故事亦選錄在內。

從中可見中國佛教對日本佛教之影響，以及因果報應思想在中日民間的流傳。對日本以後的故事小說文學影響頗深，是瞭解日本古代社會人情世態極為珍貴的史料。

《日本靈異記》中，與行基相關的故事有七則，即：

（一）上卷第五　信敬三寶得現報緣

（二）中卷第二　見烏邪淫厭世修善緣

（三）中卷第七　智者誹妒變化聖人而現至閻羅闕受地獄苦緣

（四）中卷第八　贖蟹蝦命放生得現報緣
（五）中卷第十二　贖蟹蝦命放生現報蟹所助緣
（六）中卷第廿九　行基大德放天眼視女人頭塗豬油而呵責緣
（七）中卷第三十　行基大德攜子女人視過去怨令投淵示異表緣

在故事（三）中，主要講述智光誹謗行基，其中有行基的出身地、家系、官位、傳教、入滅等情節，包含了傳記的要素；故事（一）有行基是文殊化身的情節；故事（二）、（四）、（五）講述了行基與信者的關係；故事（六）、（七）中有行基具神通力的情節。

二、《三寶繪》

九八四年，源為憲編撰《三寶繪》的中卷三〈行基菩薩〉，將《日本靈異記》中的行基故事合成為一個故事，形成了行基傳記的雛形。

## 三、《日本往生極樂記》

日本寛和年間（九八五年至九八七年），慶滋保胤（?年至一〇〇二年）仿照唐朝的《淨土論》和《往生西方淨土瑞應刪傳》，編撰了《日本往生極樂記》，全一卷，記錄了聖德太子、行基、圓仁等四十五位僧俗的往生故事，是日本最早之往生傳。《日本往生極樂記》的〈行基傳〉中，出現了行基誕生的神奇故事：

行基菩薩，俗姓高志氏，和泉國大鳥郡人也；菩薩出胎，胞衣裹纏。父母忌之，閣樹岐上；經宿見之，出胞能言，收而養之。少年時，村童相共，讚歎佛法，余牧兒等，捨牛馬而從者殆垂數百。

《日本往生極樂記》首次出現行基的異常誕生譚，此後的行基說話及行基傳記中，都有這種符合「聖者再生」理論的情節。

## 四、《今昔物語集》

一一四〇年左右成立的《今昔物語集》中，與行基相關的故事有五則，非常具有代表性。五則故事如下——

### 卷第十一（本朝．佛法）

#### 第二　行基菩薩學佛法導人的故事（註一）

從前，在日本國中有位名叫行基菩薩的聖者。他在和泉國大鳥郡（註二）降生時胞衣纏身，父母覺得奇怪、有所顧忌，便將他放到樹枝上，隔夜覲之；出胞後就能說話，父母就帶回撫養。

他逐漸長大，幼童時便和同村鄰里的兒童一起唱讚歎佛法的歌。剛開始，有數百名放牧牛馬的牧童聚集過來聽歌；牛馬的主人派人去尋找，這些來尋找的人聽見讚歎之音感到非常尊貴，全都忘記了尋找牛馬的事，流淚傾聽。男女老少皆如此聚集過來傾聽。

村長聽說此事後趕來說道：「連田都不去種了，來幹這種毫無用處的事情，把這傢伙趕走！」但他走近一聽，立即肅然起敬，一邊哭泣、一邊傾聽。

郡長聽說後大怒道：「我去趕！」他前往那裡，一聽之下也無比激動，站在那裡哭泣。國司幾次派使者去驅趕，但使者都沒有返回，都留在那裡流淚傾聽。國司非常奇怪，親自前去傾聽，感到確實無比尊貴。鄰國的人們聽說後，也前來傾聽。

此事傳到朝廷那裡，天皇召來聽後，也十分尊崇。

此後，他出家成為藥師寺的僧人，名為行基。他學習法門，聰明過人，沒有不理解的地方，比任何僧人都優秀。

行基有很深的慈悲心，像佛那樣憐憫世人，到諸國巡遊修行。返回本國途中，路過一池邊的時候，看見眾人聚集在那裡捕魚吃。行基從那裡走過，一個青年戲將一團魚肉遞給行基，說道：「把它吃掉。」

行基停下來，把魚肉吃下去了；不一會兒，從嘴裡吐出來一看，魚肉變成了小魚，皆落入池中。

眾人異常驚恐，悔恨不已，說道：「我等無知，輕慢無比尊貴的聖人。」如此尊貴的聖人，天皇都向他禮敬皈依。他被升為大僧正。

當時，元興寺有位名叫智光（註三）的僧人，是聞名的學問僧。他心想：「我是個有學問的老僧，行基是個沒有多少學問的小僧，朝廷為什麼無視我，而將大任委託給他？」

智光對朝廷的作法感到不滿，便到鋤田寺（註四）隱居。後來患病身亡，弟子依照其遺囑，屍骸停放在僧房暫不下葬。

過了十天，他復活過來對弟子們說道：「我被閻羅王的使者抓走的時候，在路上看見一座黃金造的宮殿，高大寬敞，光耀無比。我問使者：『這是什麼地方？』使者回答：『這是行基菩薩轉生的地方。』

「又往前走，遠遠看見一處烈焰騰空、令人萬分恐懼的地方。我又問：『那是什麼？』使者回答：『那是你將墮入的地獄。』使者把我帶到那裡，閻羅王呵責道：『你嫉妒閻浮提日本國的行基菩薩，現在因此罪被召到此處。』此後，令我懷抱銅柱，肉解骨融，不堪忍受。此刑罰結束才被放回來。」說罷，悲泣不已。

之後，智光到行基菩薩那裡謝罪。行基當時正在攝津國（註五）難波（註六）的江上造橋、挖運河、建船塢。菩薩察知智光的心事，見他前來，含笑相迎；智光懸杖禮拜恭敬，流淚謝罪。

行基菩薩前世為和泉國大鳥郡一戶人家的女兒。年幼時，祖父母非常疼愛她。其家中有個侍童，負責掏取庭院裡的糞便，名叫真福田丸。這個侍童很聰明，他想：「我雖難得轉生為人，但出身卑賤；如果今生不勤奮修行佛道，來生毫無指望。我要到一座大寺廟去當法師，學習佛道。」

他打定主意後先向主人請假，主人問：「你為什麼要請假？」侍童說道：「我一直有出家修行的打算。」主人說道：「你真有此心就快去吧！」主人同意他出家，又說道：「侍童在家中侍候多年，現在要去修行，出家的時候讓他身穿水乾裙褲（註七）。」主人說著，立刻準備水乾裙褲。他的年幼女兒說道：「這是侍童修行時穿的，是有功德的。」便縫了一條裙褲給侍童。

侍童穿著這條裙褲來到元興寺出家成為僧人，取名智光。他在此學習佛道，成為非常著名的學問僧。主人家的小女兒在侍童出家後不久就患病去世了，又轉生在同國同郡。

行基菩薩還是童僧的時候，河內國召開法會；智光是當時最有權威的老僧，並且是此次法會的講師。他由元興寺前來，登上講師的高座說法，聞法者心中充滿敬意。智光講法完畢從高座上下來的時候，聽見堂後有人在議論；一看，原來是個青頭童僧。他想：「這僧是從哪裡來的，敢對我妄加評論？」他再望過去時，又聽見童僧說道：「真福田出家修行那天穿的紫色裙褲是我縫製的。」

這時，智光大怒，斥責童僧道：「我為公為私侍奉多年，沒出半點差錯，被這樣無名的鄉下法師議論是不吉的，更何況口出惡言罵我，令人無法容忍！」說罷，怒氣沖沖地離去，童僧也大笑著跑開了。

童僧正是行基菩薩。像智光這樣的智者是不應該斥責別人的，他應該好好反省一下自己的言行。他想起來，自己還有這一罪過。

這位行基菩薩在國內各處建寺四十九座，在險惡的地方修路，深河上架橋。傳說，他是文殊菩薩的化身。

## 卷第十一（本朝．佛法）

### 第七　婆羅門僧正為見行基從天竺來朝的故事（註八）

從前，聖武天皇建東大寺（註九）舉行開眼供養（註一〇），有位名叫行基的人被任命為講師。行基說道：「我不能勝任此事，應從外國請講師來。」

為了迎接這位講師的到來，行基啟奏天皇攜百名僧人前往。他站在第一百名僧人的位置上，命治部玄番寮（註一一）的藝人演奏音樂，前往攝津國難波的海邊，環顧四周，卻沒有看到來人。

這時，行基將一個供佛的寶瓶放入海中，任其漂流；雖然海上風浪很大，但寶瓶沒有破損，遠遠向西漂去，很快蹤影全無。

過了不久，名叫菩提（註一二）的婆羅門僧正乘小船而來，寶瓶在船頭漂浮。這位僧人正是南天竺人，千里迢迢地從天竺趕來參加東大寺的開眼供養；行基預知此事，才前來迎接。

婆羅門下船登陸，和行基相互握手，無比喜悅。一個日本人迎接從遙遠的天竺來的人，並一見如故，親暱寒暄，人民都覺得不可思議。

行基贈歌道：

在靈鷲山釋迦佛身邊
立下了真實的誓言
真實不朽的誓言
讓我們在此相會

婆羅門返歌道：

　　我們在迦毗羅衛立下了誓約

　　如今得以拜見文殊菩薩的容顏

人民聽到此歌，才知道行基菩薩原來是文殊菩薩的化身。行基將婆羅門迎請回京，天皇非常高興，任此人為講師，主持東大寺供養。這位婆羅門僧正後來成了大安寺的僧人。

這位僧正原為南天竺迦毗羅衛國人，他祈願希望見到文殊菩薩時，來了一位貴人告訴他：「文殊菩薩在震旦（中國）的五臺山。」他從天竺趕到震旦的五臺山參訪，途中遇見一位長者告訴他：「文殊菩薩為了濟渡日本國的眾生，轉生到了那個國家。」他聽說後便決定去日本國。文殊菩薩在此國轉生為行基菩薩，所以行基菩薩預知這位僧正的到來，並前往迎接。僧正也知道此事，因此他們一見如故。眾凡夫俗人不知其緣故，才感到十分詫異。

卷第十二（本朝・佛法）

## 第七　在東大寺舉行華嚴會的故事（註一三）

從前，聖武天皇建東大寺，首先要舉行開眼供養。這時，從天竺來了一位婆羅門僧正。行基菩薩先前就認識他，便推薦他為講師主持供養。

天皇正考慮讓誰來當誦讀師的時候，夢見一位非常尊貴的人來說道：「開眼供養之日，先來寺前者，不分僧俗貴賤，可請為誦讀師。」

天皇對自己夢見的事情深信不疑。舉行供養的那天清晨，天皇派使者到寺前察看，只見來了一位身背竹簍的老翁，竹簍裡裝著鯖魚。使者將老翁帶到天皇面前稟告道：「他就是最先來到寺前的人。」天皇想：「這位老翁一定有來歷。」立刻讓老翁穿上法衣，任為供養的誦讀師。

老翁說道：「我不能勝任，我只是一個長年擔著鯖魚度日的人。」天皇不為他的話所動。到了供養的時辰，老翁作為誦讀師和講師一起登上高座。老翁將裝著鯖魚的竹簍放在高座上，把挑竹簍的木杖立在佛堂前的東側。

供養結束後，講師從高座上下來，誦讀師卻在高座上消失了。

這時，天皇心想：「果然如夢中所告知的，這位老翁絕非凡人。」察看那只竹簍時，發現裡面裝的鯖魚原來是八十卷《華嚴經》。天皇哭泣著禮拜道：「依我誠心祈願，佛前來化現。」由此，人們更加堅定信仰。這一天，是天平勝寶四年三月十四日。

此後，天皇把這一天定為開眼供養日，每年都不間斷舉行《華嚴經》的一日法會。這個法會至今不絕，稱為華嚴會。寺中的僧人們每年都如期舉行法會，準備法衣召請高僧，朝廷也派敕使來演奏音樂。有誠心的人一定要來向《華嚴經》禮拜。

那根擔鯖魚的木杖至今還立在佛堂東側的庭院裡，既不增高也不長葉，一直是根枯木。

## 第三十六　文殊化生為行基見女人惡行的故事（註一四）

從前，世上有位叫行基菩薩的聖人。當時，五臺山的文殊菩薩為了日本眾生的利益，化為行基在日本出生。

有一次，某人在奈良的元興寺村舉行法會，請行基菩薩去做七天的說法，當地的僧俗男女都前去聽講。

當時，有位年輕的女子，頭髮上抹了豬油，也坐在人群中聽講。行基菩薩一看到這個女子便說道：「實在是太腥臭了！那個女子頭上抹著動物的血和肉，立即將那個女子遠遠趕出寺院去。」女子聽到這話十分羞愧，從座位上站起來離開了那裡。

聽說此事的人都十分欽佩行基菩薩，稱讚道：「此人並非常人。」

由此可見，凡夫用肉眼看不出油色，聖人以明眼見肉血。

行基菩薩正是文殊菩薩隱身後在日本化現的聖人。

## 第三十七　行基菩薩教女人惡子的故事（註一五）

從前，行基菩薩是文殊菩薩的化身。

有一次，他來到難波的淀川河口，開鑿運河擴建港口，論說佛法、教化民眾，遠近的僧俗男女無論身分高低都前來聽講。

人群中有個家住河內國若江郡（註一六）川派鄉（註一七）的女人，她抱著孩子坐在會場中聽講；可是，孩子不停地哭鬧，不讓母親聽說法。那個孩子雖然已經十歲，但雙腳依然不能站立，總是不停地哭鬧，嘴裡不停地吃著東西。

行基菩薩對那個女子說道：「妳把這孩子帶出去後立即扔到深潭裡。」人們聽到這句話後都不滿地小聲嘀咕說：「這位大慈大悲的聖人為什麼說要將這孩子扔掉呢？」那位母親實在疼愛自己的孩子，沒有將孩子扔掉，依然抱著孩子坐在那裡聽法。

第二天，女子又抱著孩子前來聽法，孩子仍像前日一樣哭鬧，聽眾因此聽不清說法的內容。這時，行基說道：「那位女子，請照我說的把那個孩子扔到深潭裡去。」母親對行基再次說出這樣的話感到奇怪，又不能繼續違命不從，便去了深潭邊，將孩子扔到裡面。

想不到，孩子立即浮出水面，兩隻腳亂蹬，雙手不停地舞動，眼睛瞪得大大的，忿恨地說：「真是氣死我了！原想這樣鬧她三年的！」母親聽到這話心中不解；為了繼續聽法，她便又回到會場。

行基菩薩問女子道：「怎麼樣，妳把孩子扔到深潭裡了嗎？」女子將那孩子浮出水面後說的話告訴了行基。行基說：「妳前世欠了他的債沒有還清，所以他就托生為你的孩子，那樣不停地吃著東西，逼著你還所欠的債。那個孩子是過去的債主啊！」

聽說此事的人這才知道行基明瞭前世之緣，深為他的指點而感動；人們都相信他就是佛的化身，對他更加尊敬。

由此亦可知，借了別人的東西是一定要還清，不然生生世世都會來討債。

## 五、《行基菩薩講式》

作者不詳，完成於十三世紀。講式是僧侶面對眾多聽眾讚頌佛、菩薩、高僧之德，講式會場上懸掛讚頌對象的畫像。僧侶以唱誦的形式宣講式文，式文引用經文解說教理及佛的恩德。

《行基菩薩講式》以行基信仰為中心，介紹行基的事蹟，讚頌其恩德，全文共有五段，其構成如下：

第一段「本地稱揚門」，講述行基是文殊菩薩的化身，在本地完成文殊菩薩的使命。

第二段「垂跡應現門」，講述行基菩薩出生時的異相，以及文殊菩薩化身的由來。

第三段「大悲利生門」，以行基的傳教活動為中心，介紹行基的事蹟。

第四段「遺跡讚歎門」，介紹與行基相關的場所及寺院。

第五段「廻向發願門」，講述以文殊的教化力成就菩提心，祈禱信者們成佛的內省和廻向。

各段都有行基創作的和歌，文末是「神分」、「祈願」、「六種廻向」。

## 六、《行基菩薩緣起圖繪詞》

高野山正智院藏《行基菩薩緣起圖繪詞》，是堺市家原寺藏《行基菩薩行狀繪傳》的繪詞，完成於正和五年（一三一六年），由上、中、下三卷構成。

卷上是「菩薩祖宗篇」，主要根據《史記》的〈項羽本紀第七〉和〈高祖本紀第八〉，講述行基的祖先漢高祖從出生到成為皇帝，定都長安的事蹟。將漢高祖作為行基的祖先，是根據《舍利瓶記．行基菩薩傳》中的行基是「百濟王子王仁」的後裔，由此追溯到漢高祖。

卷中是「菩薩四十九院建立篇」，首先敘述了從漢高祖到王仁的譜系，接下來是行基建立的四十九院，記述了行基從出生到六十七歲為止的事蹟。卷下是「菩薩御遺戒篇」，以行基的社會事業和當時的人際關係為中心，記述了行基六十七歲以後的事蹟。

【註釋】

註一：此話在《日本往生極樂記》（二）的基礎上構成。類話見於《三寶繪》中卷（三）、《靈異記》中卷（七）。此外，《私聚百因緣集》卷七（三）、《元亨釋書》卷十四・檀興篇七（一）對此話的情節有擴充。同話還見於〈行基大僧正墓碑銘〉、《行基菩薩傳》、《行基年譜》等典籍中。

註二：和泉國大鳥郡位於今大阪府堺高石市一帶。

註三：智光，俗姓鋤田連，後改稱上村主，河內（今大阪府東部）人，生卒年不詳。天平十六年（七四四年）為大僧正。著有《淨名玄論略述》等多部著作。

註四：鋤田寺現存於大阪府羽曳野市駒谷。

註五：攝津國為舊國名，一部分屬今大阪府，一部分屬兵庫縣，又稱為攝州或津國。

註六：難波位於今大阪市中央區道頓堀以南、浪速區以北的地帶。

註七：「水乾」的意思是，不用漿糊、只用水浸洗後晒乾的布，再用這種布做成裙褲。

註八：此話的第一、二段出自《三寶繪》中卷（三）的後半部。第三段的出處不詳。第一、二段的內容還見於《俊賴髓腦》、《古事談》三（三）、《私聚百因緣集》七（三）、《三國傳記》二（十二）。

註九：東大寺位於奈良市雜司町，為日本華嚴宗的總本山。聖武天皇於天平十年敕令修建，天平勝寶四年（七五二年）作大佛開眼供養。其作為鎮護國家的寺院，曾極為興盛。

註一〇：「開眼供養」意指：供養新造的佛像，將佛眼畫出，恭迎佛靈的法會。

註一一：治部玄番寮為主管佛寺、僧尼及與外國關係的部門。

註一二：即菩提僊那，為印度僧侶，天平八年（七三六年）經唐隨遣唐使至大宰府，入住大安寺，任僧正。

註一三：此話出處不詳。同話見於《東大寺要錄》二、《建久御巡禮記》、《古事談》三（二）、《宇治拾遺物語》一〇三。

註一四：此話出自《日本靈異記》中卷（二十九），同話見於《三寶繪》中卷三、《行基年譜》。

註一五：此話出自《日本靈異記》中卷三十。

註一六：河內國若江郡位於今大阪府東大阪市西部與八尾市中部附近。

註一七：川派鄉位於今東大阪市川俣（俁）玉串川與楠根川的合流地帶。

# 貳・行基與菩薩信仰

此文殊師利法王子，若有人念，若欲供養修福業者，即自化身，作貧窮孤獨苦惱眾生，至行者前。若有人念文殊師利者，當行慈心，行慈心者即是得見文殊師利。

## 行基與觀音菩薩信仰

《妙法蓮華經》的第二十五品〈觀世音菩薩普門品〉，講解了觀音菩薩的由來，通稱為《觀音經》。觀世音菩薩，全稱尊號是「大慈大悲救苦救難觀世音菩薩」，「觀世音」的名字便蘊含了菩薩大慈大悲濟世的功德和思想。據《觀音經》記載：

若有無量百千萬億眾生受諸苦惱，聞是觀世音菩薩，一心稱名，觀世音菩薩即時觀其音聲，皆得解脫。

若有眾生多於淫欲，常念恭敬觀世音菩薩，便得離欲。若多瞋恚，常念恭敬觀世音菩薩，便得離瞋。若多愚癡，常念恭敬觀世音菩薩，便得離癡。

《觀音經》中所說「三十三身」，是指觀音由普現色身三昧示現之三十三種變化身：一佛身、二辟支佛身、三聲聞身、四梵王身、五帝釋身、六自在天身、七大自在天身、八天大將軍身、九毗沙門身、十小王身、十一長者身、十二居士身、十三宰官身、十四婆羅門身、十五比丘身、十六比丘尼身、十七優婆塞（男性在家眾）身、十八優婆夷（女性在家眾）身、十九長者婦女身、二十居士婦女身、廿一宰官婦女身、廿二婆羅門婦女身、廿三童男身、廿四童女身、廿五天身、廿六龍身、廿七夜叉身、廿八乾闥婆身、廿九阿修羅身、三十迦樓羅身、三十一緊那羅身、三十二摩睺羅伽身、三十三執金剛神身。

## 一、阪東三十三箇所

在日本關東地區的東京都、神奈川縣、埼玉縣、千葉縣、栃木縣、茨城縣，分布著稱為「阪東三十三箚所」和「秩父三十四箚所」的巡禮寺院，信者巡迴禮拜供奉三十三身觀音菩薩的三十三座寺院。

根據江戶中期寫就的《阪東三十三所觀音靈場記》中，將行基作為三十三箚所寺院的開創者：

三十三所中，特以行基大士事蹟為多。按，行基大士，出生於泉州大鳥郡高志氏，百濟國王之後胤，天智七年生（自誕生至進具年奇特甚多略於茲）。十五歲出家，廿四歲受具足戒，常為事行化。道俗隨從者，凡數以千萬。所過險阻，必架棧修路，又為農稼使地乾，決谷通河，築塘防水，來往各州布功益。尤為聖武帝尊重，天平七年任大僧正（日本大僧正賜官之始也）。同廿一年正月首皇帝菩薩戒。此時賜號大菩薩。同年二月二日，於菅原寺寂，行年八十有二也（元亨釋書）。我朝佛法流來，人王三十四代推古之御宇，聖德太子之善功。其後，人王四十五代聖武帝之御宇，至行基大士之時，偏

阪東三十三箚所（★為行基刻製）

| 序號 | 寺名 | 宗派 | 所在地 | 本尊 |
|---|---|---|---|---|
| 1 | 杉本寺 | 天台宗 | 神奈川縣鎌倉市二階堂 | 十一面觀音★ |
| 2 | 岩殿寺 | 曹洞宗 | 神奈川縣逗子市久木 | 十一面觀音★ |
| 3 | 安養寺 | 淨土宗 | 神奈川縣鎌倉市大町 | 千手觀音 |
| 4 | 長谷寺 | 淨土宗 | 神奈川縣鎌倉市長谷 | 十一面觀音 |
| 5 | 勝福寺 | 真言宗 | 神奈川縣小田原市飯泉 | 十一面觀音 |
| 6 | 長谷寺 | 真言宗 | 神奈川縣厚木市飯山 | 十一面觀音 |
| 7 | 光明寺 | 天台宗 | 神奈川縣平塚市南金目 | 聖觀音★ |
| 8 | 星谷寺 | 真言宗 | 神奈川縣座間市入谷 | 聖觀音★ |
| 9 | 慈光寺 | 天台宗 | 埼玉縣比企郡都幾川村 | 千手觀音★ |
| 10 | 正法寺 | 真言宗 | 埼玉縣東松山市岩殿 | 千手觀音 |
| 11 | 安樂寺 | 真言宗 | 埼玉縣比企郡吉見町 | 聖觀音★ |
| 12 | 慈恩寺 | 天台宗 | 埼玉縣岩槻市慈恩寺 | 千手觀音 |
| 13 | 淺草寺 | 聖觀音宗 | 東京都台東區淺草 | 聖觀音 |
| 14 | 弘明寺 | 真言宗 | 神奈川縣橫濱市南區 | 十一面觀音 |
| 15 | 長谷寺 | 修驗本宗 | 群馬縣群馬郡榛名町 | 十一面觀音★ |
| 16 | 水澤寺 | 天台宗 | 群馬縣北群馬郡伊香保町 | 十一面千手千眼 |
| 17 | 滿願寺 | 真言宗 | 栃木縣栃木市出流町 | 千手觀音★ |
| 18 | 中禪寺 | 天台宗 | 栃木縣日光市中宮祠 | 十一面千手觀音 |
| 19 | 大谷寺 | 天台宗 | 栃木縣宇都宮市大谷 | 千手觀音 |
| 20 | 西明寺 | 真言宗 | 栃木縣芳賀郡益子町 | 十一面觀音 |
| 21 | 日輪寺 | 天台宗 | 茨城縣久慈郡大子町 | 十一面觀音★ |
| 22 | 佐竹寺 | 真言宗 | 茨城縣常陸太田市天神林町 | 十一面觀音 |
| 23 | 正福寺 | 曹洞宗 | 茨城縣笠間市笠間 | 千手觀音 |
| 24 | 樂法寺 | 真言宗 | 茨城縣真壁郡大和村 | 觀音 |
| 25 | 大御堂 | 真言宗 | 茨城縣築波市築波 | 千手觀音 |
| 26 | 清瀧寺 | 真言宗 | 茨城縣新治郡新治村 | 聖觀音★ |
| 27 | 圓福寺 | 真言宗 | 千葉縣銚子市馬場町 | 十一面觀音★ |
| 28 | 龍正院 | 天台宗 | 千葉縣香取郡下總町 | 十一面觀音★ |
| 29 | 千葉寺 | 真言宗 | 千葉縣千葉市中央區千葉寺町 | 十一面觀音 |
| 30 | 高藏寺 | 真言宗 | 千葉縣木更津市矢那 | 聖觀音 |
| 31 | 笠森寺 | 真言宗 | 千葉縣長生郡長南町 | 十一面觀音 |
| 32 | 清水寺 | 天台宗 | 千葉縣夷隅郡岬町 | 千手觀音 |
| 33 | 那古寺 | 真言宗 | 千葉縣館山市那古 | 千手觀音★ |

弘四維八荒，於諸州發靈場，多作諸尊像，蒙天勅，為事行化故。各國建國分寺，著風土記，畫日本指圖等，皆大士之遺功。恆隨從之道俗及千餘百，寔夫然乎。蓋地上之權者，三地菩薩分身百億，以凡情，不可料聖境。

這段文字記述靈場寺院的開創者行基的來歷：行基大士是「地上之權者」，是觀音的化身。

## 二、秩父三十四箚所

秩父三十四箚所只是分布在武藏國秩父郡，便於參拜；江戶時代以來，是關東地區重視的箚所。

《秩父三十四所觀音靈驗圓通傳》中，介紹妙音寺、常樂寺、觀音寺、菊水寺的文字，比較詳細地記述了秩父三十四所觀音靈驗與行基的關係。例如，關於常樂寺的記載中有：

南石山常樂寺

本尊十一面觀音，行基菩薩御作。

當寺是行基菩薩巡諸國時，定州郡，造道掛梁，於各國建國分寺，至此地，愛其寂寥風景，結草廬休息，緩解路途之勞。某日黃昏，四隣寂靜山中，如同白晝，無人問詢，異口同音之讀經聲，如風吹松響，清澈奇妙。令人不可思議，推窗張望，原處山峰巍峨；岩石上，十一面之聖容巍然佇立，眾多天童圍繞前後，讀誦大乘。行基極為感歎，禮拜聖容，立即寫刻，取檀安置，聖容大放光明，照雕刻之像，影向之尊體與化天童子雨香花，忽入光明藏裡，毫無蹤影。行基遙禮御跡，此雕刻尊體永止此山。觀音靈跡，結緣末世眾生，則建小堂安置。彼影向之岩，今現於當山之絕頂。

阪東箚所和西國箚所各有三十三所，秩父箚所原本也是三十三所，後來增加一所，為三十四所，三處箚所共有百所，稱為百觀音箚所。法雲寺藏天文五年（一五三六年）的納箚有「西國阪東秩父百所順禮」，說明了在天文年之前，秩父霸所已經變成三十四所。

秩父三十四霸所雖然集中在秩父郡，但是巡拜三十四所的行程約九十公里。比起其他霸所，秩父霸所比較適合女性巡拜，真福寺、藏福寺、西光寺、岩之上也是女性成佛的霸所。

秩父三十四霸所（★為行基刻製）

| 序號 | 寺名 | 宗派 | 所在地 | 本尊 |
|---|---|---|---|---|
| 1 | 妙音寺 | 曹洞宗 | 秩父市栃谷 | 聖觀音★ |
| 2 | 真福寺 | 曹洞宗 | 秩父市山田 | 聖觀音★ |
| 3 | 常泉寺 | 曹洞宗 | 秩父市山田 | 聖觀音★ |
| 4 | 金昌寺 | 曹洞宗 | 秩父市山田 | 十一面觀音★ |
| 5 | 語歌寺 | 臨濟宗 | 秩父郡横瀨町下鄉 | 准胝觀音 |
| 6 | 卜雲寺 | 曹洞宗 | 秩父郡横瀨町苅米 | 聖觀音★ |
| 7 | 法長寺 | 曹洞宗 | 秩父郡横瀨町苅米 | 十一面觀音★ |
| 8 | 西善寺 | 臨濟宗 | 秩父郡横瀨町根古谷 | 十一面觀音★ |
| 9 | 明智寺 | 臨濟宗 | 秩父郡横瀨町中鄉 | 如意輪觀音★ |
| 10 | 大慈寺 | 曹洞宗 | 秩父郡横瀨町川西 | 聖觀音 |
| 11 | 常樂寺 | 曹洞宗 | 秩父市熊木 | 十一面觀音★ |
| 12 | 野阪寺 | 臨濟宗 | 秩父市野阪町 | 子安觀音 |
| 13 | 慈眼寺 | 曹洞宗 | 秩父市東町 | 聖觀音★ |
| 14 | 今宮坊 | 臨濟宗 | 秩父市中町 | 聖觀音 |
| 15 | 藏福寺 | 曹洞宗 | 秩父市番場町 | 十一面觀音 |
| 16 | 西光寺 | 曹洞宗 | 秩父市中村町 | 千手觀音★ |
| 17 | 定林寺 | 曹洞宗 | 秩父市櫻木町 | 十一面觀音 |
| 18 | 神門寺 | 曹洞宗 | 秩父市下宮地町 | 聖觀音 |
| 19 | 龍石寺 | 曹洞宗 | 秩父市大畑町 | 千手觀音 |
| 20 | 岩之上 | 臨濟宗 | 秩父市寺尾 | 聖觀音 |
| 21 | 觀音寺 | 曹洞宗 | 秩父市寺尾 | 聖觀音★ |

| | | | | |
|---|---|---|---|---|
| 22 | 榮福寺 | 曹洞宗 | 秩父市寺尾 | 聖觀音 |
| 23 | 音樂寺 | 曹洞宗 | 秩父市寺尾 | 聖觀音 |
| 24 | 法泉寺 | 曹洞宗 | 秩父市別所 | 聖觀音 |
| 25 | 久昌寺 | 曹洞宗 | 秩父市久那 | 聖觀音 |
| 26 | 圓融寺 | 臨濟宗 | 秩父市下影森 | 聖觀音 |
| 27 | 大淵寺 | 曹洞宗 | 秩父市上影森 | 聖觀音★ |
| 28 | 橋立寺 | 曹洞宗 | 秩父市上影森 | 馬頭觀音 |
| 29 | 長泉院 | 曹洞宗 | 秩父郡荒川村上田野 | 聖觀音 |
| 30 | 寶雲寺 | 臨濟宗 | 秩父郡荒川村白久 | 如意輪觀音★ |
| 31 | 觀音院 | 曹洞宗 | 秩父郡小野鹿町飯田觀音 | 聖觀音★ |
| 32 | 法性寺 | 曹洞宗 | 秩父郡小野鹿町般若 | 聖觀音★ |
| 33 | 菊水寺 | 曹洞宗 | 秩父郡吉田町櫻井 | 聖觀音 |
| 34 | 水潜寺 | 曹洞宗 | 秩父郡皆野町日野澤 | 千手觀音 |

## 行基與藥師如來信仰

藥師佛（Bhaisajyaguru），音譯為「鞞殺社窶嚕」，又被稱為藥師如來、藥師琉璃光如來、大醫王佛、醫王善逝、十二願王，為東方淨琉璃世界之教主。

此佛於過去世行菩薩道時，曾發十二大願，願為眾生解除疾苦，使具足諸根，導入解脫，故依此願而成佛，住淨琉璃世界，其國土莊嚴如極樂國。此佛誓願不可思議；若有人身患重病，死衰相現，眷屬於此人臨命終時晝夜盡心供養禮拜藥師佛，讀誦《藥師如來本願功德經》四十九遍，燃四十九燈，造四十九天之五色彩幡，其人得以蘇生續命。此種藥師佛之信仰自古即盛行。

行基的母親姓「蜂田藥師」，這個姓氏與醫療相關，應是日本與行基相關的寺院安置藥師如來的緣起。

正德五年（一七一五年）五月，東京都大田區西六鄉安養寺撰《安養寺藥師如來緣起》記載，行基製作的藥師如來像，對聖武天皇的皇后光明子育兒有靈驗。安養寺本堂前有兩株大銀杏樹，有「育兒中的女性到樹下祈禱出母乳」的信仰。

前文曾列舉的《拾遺和歌集》中，有行基創作的與母乳相關的和歌：

我如今千百倍報答
母親哺育的恩情

在東京都豐島區的光圓寺和神奈川縣川崎市的影向寺，也有類似的緣起。對藥師如來的信仰，不僅僅是治病，根據玄奘譯《藥師琉璃光如來本願功德經》，藥師如來信仰還有為執政者除去各種災難的功驗。藥師十二大願如下——

第一大願：願我來世得阿耨多羅三藐三菩提時，自身光明，熾然照曜無量無數無邊世界，以三十二大丈夫相、八十隨好，莊嚴其身；令一切有情，如我無異。

第二大願：願我來世得菩提時，身如琉璃，內外明徹，淨無瑕穢，光明廣大，功德巍巍，身善安住，焰網莊嚴，過於日月；幽冥眾生，悉蒙開曉，隨意所趣，作諸事業。

第三大願：願我來世得菩提時，以無量無邊智慧方便，令諸有情，皆得無盡所受用物，莫令眾生有所乏少。

第四大願：願我來世得菩提時，若諸有情行邪道者，悉令安住菩提道中；若行聲聞獨覺乘者，皆以大乘而安立之。

第五大願：願我來世得菩提時，若有無量無邊有情，於我法中修行梵行，一切皆令得不缺戒，具三聚戒。設有毀犯，聞我名已，還得清淨，不墮惡趣。

第六大願：願我來世得菩提時，若諸有情，其身下劣，諸根不具，醜陋、頑愚、盲、聾、瘖、瘂、攣、躄、背僂、白癩、癲狂、種種病苦；聞我名已，一切皆得端正黠慧。諸根完具，無諸疾苦。

第七大願：願我來世得菩提時，若諸有情，眾病逼切，無救無歸，無醫無藥，無親無家，貧窮多苦，我之名號，一經其耳，病悉得除，身心安樂，家屬資具，悉皆豐足，乃至證得無上菩提。

第八大願：願我來世得菩提時，若有女人，為女百惡之所逼惱，極生厭離，願捨女身；聞我名已，一切皆得轉女成男，具丈夫相，乃至證得無上菩提。

第九大願：願我來世得菩提時，令諸有情，出魔羂網，解脫一切外道纏縛；若墮種種惡見稠林，皆當引攝置於正見，漸令修習諸菩薩行，速證無上正等菩提。

第十大願：願我來世得菩提時，若諸有情，王法所錄，縲縛鞭撻，繫閉牢獄，或當刑戮，及餘無量災難凌辱，悲愁煎迫，身心受苦；若聞我名，以我福德威神力故，皆得解脫一切憂苦。

第十一大願：願我來世得菩提時，若諸有情，飢渴所惱，為求食故造諸惡業；得聞我名，專念受持，我當先以上妙飲食，飽足其身；後以法味，畢竟安樂而建立之。

第十二大願：願我來世得菩提時，若諸有情，貧無衣服，蚊虻寒熱，晝夜逼惱；若聞我名，專念受持，如其所好，即得種種上妙衣服，亦得一切寶莊嚴具，華鬘塗香，鼓樂眾伎，隨心所翫，皆令滿足。

前文提到，天武九年（六八一年）十一月，「皇后體不豫，則為皇后誓願之，初興藥師寺。仍度一百僧，由是得安平」。在古代日本，最初創建藥師寺，是為了國家利益和執政者的平安，藥師如來信仰可以說是由國家層面來接納的。

《日本靈異記》與行基相關的故事中，有行基勸人誠心受戒免災以及講解放生功德的情節。例如，《日本靈異記》中卷第八「贖蟹蝦命放生得現報緣」：奈良京富尼寺上座尼法邇的女兒置染臣鯛女遭遇蛇難，向行基求助，行基對她說：「汝不得免，唯堅守戒。」這些情節能窺見《藥師如來本願功德經》所說的內容：

或有水、火、刀、毒、懸險、惡象、師子、虎、狼、熊、羆、毒蛇、惡蠍、蜈蚣、蚰蜒、蚊、虻等布；若能至心憶念彼佛，恭敬供養，一切怖畏皆得解脫。若他國侵擾，盜賊反亂，憶念恭敬彼如來者，亦皆解脫。

復次，曼殊室利！若有淨信善男子、善女人等，乃至盡形，不事餘天，唯當一心，歸佛法僧，受持禁戒：若五戒、十戒，菩薩四百戒、苾芻二百五十戒，比丘尼五百戒。

日本的藥師如來信仰，最初是祈禱執政者消災免難；行基向平民傳播藥師如來信仰，構築了上至天皇下至民眾的平等的信仰世界。

行基將國家級別的藥師如來信仰向民眾化推進的契機之一，是將藥師如來信仰與治病密切相關的溫泉結合在一起。行基在有溫泉的地方建立安置藥師如來像寺院的緣起，是從兵庫縣神戶市的有馬溫泉開始的，接下來有石川縣的山中溫泉和山代溫泉、靜岡縣田方郡的吉奈溫泉，並向全國的溫泉輻射推廣，稱為「溫泉藥師」。宮城縣的作並溫泉、福島縣的會津東山溫泉、群馬縣草津町的草津溫泉、愛知縣蒲郡的三谷溫泉、京都府的木津溫泉、長崎縣雲仙的小浜溫泉，都有行基開闢溫泉的傳說。《伏見宮家九條家舊藏諸寺緣起集》收錄的〈溫泉山住僧藥能記〉中，有行基開闢有馬溫泉的傳說：

從前，行基菩薩去有馬溫泉時，在武庫郡內，遇見一位倒臥山中的病人。行基詢問：「汝患何病以致如此？」病人回答：「為療病痾，欲赴溫泉。」為了測試行基的慈悲心，藥師如來化身為病人。行基在溫泉旁修建溫泉寺前身的堂舍。

這段記載顯然出自建長六年（一二五四年）完成的《古今著聞集》卷第二（釋教第二）三十七「行基菩薩建立昆陽寺事」。這是行基與溫泉藥師傳說的原型；此後，各地有很多類似的傳說。借助於溫泉的布施，透過治療疾病的功德，將行基與藥師如來聯繫起來，向民眾傳播藥師如來信仰。

石川縣江沼郡山中町的醫王寺所收藏、完成於寬政十年（一七九八年）之前的《山中溫泉緣起記繪卷》背面，記載了山中溫泉的緣起：

行基看到山上每天升起紫雲，便闖進深山去一探究竟，看見一位老僧在挖掘溫泉。老僧對行基說：「我住在此山的深處，因為這個山谷有溫泉，應該利用溫泉為世間眾生治病。」希望利用溫泉進行布施。之後，行基在夢中得知老僧是藥師如來的化身。因此，在溫泉旁建立一座堂舍作為國分寺，安置藥師如來像，這便是醫王寺的緣起。

佐賀縣川副七藥師如來所在地

| 序號 | 寺院名 | 宗派 | 所在地 | 形態 |
|---|---|---|---|---|
| 1 | 東光寺 | 臨濟宗 | 佐賀縣佐賀郡諸富町大字德富 | |
| 2 | 長福寺 | | 佐賀縣佐賀郡諸富町大字寺敬津 | |
| 3 | 法源寺 | 淨土宗 | 佐賀縣佐賀郡川副町大字福富字崎江 | 坐像 |
| 4 | 東光寺 | 臨濟宗 | 佐賀縣佐賀郡川副町大字福富字米納津 | 立像 |
| 5 | 正定寺 | 淨土宗 | 佐賀縣佐賀郡川副町大字南裡字西南里 | 坐像 |
| 6 | 本願寺 | 曹洞宗 | 佐賀縣佐賀市北川副町大字新鄉 | |
| 7 | 寒若寺 | 曹洞宗 | 佐賀縣佐賀市本莊町大字袋 | |

完成於寶永三年（一七〇六年）的《正定寺由緒錄》記載，天平年間，九州各地發生水災，瘟疫流行，殃及農作物的收成，人們死於饑饉和瘟疫。人們求助於此時投宿於溫泉山的行基。行基即刻奔赴米野津村，在此處獲得一棵被稱為靈木的樟樹，雕刻了七尊藥師如來像，安置在佐賀縣佐賀市和佐賀郡川副町一帶。人們向七尊藥師如來像祈禱了七天七夜，饑饉疾疫立地而治，作物也結出豐碩的果實，人們將行基視為活佛。這則傳說，充分體現出行基與藥師如來信仰的關聯。

## 行基與文殊菩薩信仰

行基與文殊信仰的關係，在《日本靈異記》中已經現出端倪，上卷第五「信敬三寶得現報緣」中有「行基大德者，文殊師利菩薩反化也」；「反化」即轉世。如前文所述，《三寶繪詞》中，已經發展出行基是文殊化身說。

西晉譯經居士聶道真所譯《佛說文殊師利般涅槃經》中云：

佛告跋陀波羅：「此文殊師利法王子，若有人念，若欲供養修福業者，即自化身，作貧窮孤獨苦惱眾生，至行者前。若有人念文殊師利者，當行慈心，行慈心者即是得見文殊師利。是故智者當諦觀文殊師利三十二相、八十種好；作是觀者，首楞嚴力故，當得疾疾見文殊師利。作此觀者名為正觀，若他觀者名為邪觀。佛滅度後一切眾生，其有得聞文殊師利名者、見形像者，百千劫中不墮惡道；若有受持讀誦文殊師利名者，設有重障，不墮阿鼻極惡猛火，常生他方清淨國土，值佛聞法得無生忍。」

由此可知，信仰文殊菩薩不僅能獲得智慧，還有不墮惡道的利益。

原本向民眾布教的佛教僧侶們，依照「頭陀十二行」度過每天的修行生活。十二行即：（一）住阿蘭若（寂靜處）；（二）常行乞食；（三）次第乞；（四）日中一食；（五）節量食；（六）過中（午時）不飲漿；（七）著糞掃衣；（八）但三衣；（九）塚間坐；（十）樹下宿；（十一）露地坐；（十二）但坐不臥。

總而言之，僧侶們乞食為生，著糞掃衣，在墓地、樹下等遠離人群的寂靜之處居住，常坐不横臥。《行基年譜中》記載：

行年四十歲

文武天皇十一年，移生馬仙房，彌盡孝養之禮。

行年四十三歲

元明天皇三年，正月，母從逝化。自爾以降迄於和銅五年，歎住生馬草野仙房，著麁服，嘗苦食。

行基照料母親，彌盡孝養之禮；母親去世後，行基便著麁（粗）服、嘗苦食，在生駒山中修行布教。

（一）行基供養塔所在地

| 序號 | 所在地 | 年月 | 備註 |
|---|---|---|---|
| 1 | 岐阜縣海津郡南濃町上野河戶 | 昭和二十五年十月 | 行基入定塚 |
| 2 | 大阪府大阪市大淀區長柄 | 弘化二年 | |
| 3 | 大阪府大阪市東住吉區矢田 | | |
| 4 | 大阪府東大阪市岩田 | 平成元年再建 | 有行基石像 |
| 5 | 大阪府大阪市南河內郡美原町 | 延享元年二月 | 平成二年立略緣起石碑 |
| 6 | 大阪府岸和田市久米田（久米田寺） | | 行基墓地 |
| 7 | 京都府相樂郡木津町上狛 | 寶曆十三年十二月 | |
| 8 | 京都府竹野郡網野町（明光寺） | | 五輪塔 |
| 9 | 滋賀縣愛知郡愛東町（大覺寺） | | 寶篋印塔 |
| 10 | 奈良縣奈良市大安寺町 | 延享元年 | |
| 11 | 奈良縣大和郡山市長安寺 | 延享元年 | |
| 12 | 奈良縣天理市中山 | 明和二年十一月 | 天理市史 |
| 13 | 奈良縣天理市柳本 | 文化元年二月 | |

| | | | |
|---|---|---|---|
| 14 | 奈良縣天理市勾田郡 | | 天理市史 |
| 15 | 奈良縣北葛城郡當麻町 | 弘化二年 | |
| 16 | 奈良縣北葛城郡廣陵町 | | 廣陵町史 |
| 17 | 奈良縣北葛城郡新莊町（極樂寺） | 延享五年二月 | |
| 18 | 奈良縣禦所市（極樂寺） | 弘化四年 | |
| 19 | 奈良縣生駒郡平群町（金勝寺） | | 平群郡史 |
| 20 | 奈良縣生駒市有里町（竹林寺） | | 行基墓地 |
| 21 | 奈良縣生駒郡斑鳩町 | | |
| 22 | 兵庫縣伊丹市昆陽町 | | 五輪塔 |
| 23 | 兵庫縣明石市江井島 | 昭和十五年 | |
| 24 | 和歌山縣伊都郡高野町高野山 | 延享五年二月 | |

行基為母親養老送終，被視為日本歷史上首位與送葬相關的僧人。因此，以近畿地區為中心，保留了很多行基供養塔和行基像。

延享五年（一七四八年），行基的一千年忌時，奈良市的大安寺建立了「供養塔」，塔身正面刻有「行基菩薩千年恩忌」。弘化四年（一八四七），行基的一千一百年忌時，大安寺又建立了「行基供養塔」。

高野山奧之院墓地，在行基一千年忌的延享五年，建立了行基供養塔，塔身正面刻有「行基大菩薩」，右側刻有「奉為謝大祖行基菩薩千歲御忌報恩建立謹」，左側刻有「延享五年戊辰歲二月二日三昧聖」。「三昧聖」是半僧半俗、管理三昧（墓地）

的宗教人員。

完成於一七三四年、三昧聖所著之《行基菩薩草創記》中記載：

行基菩薩和志阿彌法師一起，在不到一年的時間裡，創建了二十五處三昧（墓地）。因此，當今聖武帝感覺很殊勝，須御綸旨御院宣，賜志阿彌及聖。行基說，志阿彌是竺僧，在其故鄉天竺雖然有四葬之法，但釋迦入涅槃時，由心胸燃起三昧之火，在金棺外燃燒，成為旃檀之煙。

圖表中所列之奈良縣北葛城郡當麻町的供養塔上，刻有「文殊菩薩」，其兩脅刻有「行基菩薩」和「志阿彌法師」，以文殊信仰為基礎，將兩者結合在一起。

行基像的分布，也是以近畿地區為中心。奈良縣奈良市的唐招提寺、西大寺、東大寺，以及同縣橿原市的安樂寺，從鎌倉時代到江戶時代，都有製作行基像的事例。

值得注意的是，行基的一千年忌和一千一百年忌，成為近畿地區製作行基

（二）行基像所在地

| 序號 | 所在地 | 形態 | 宗派 |
|---|---|---|---|
| 1 | 岐阜縣海津郡南濃町上野河戶（行基寺） | 坐 | 淨土宗 |
| 2 | 奈良縣奈良市西京（唐招提寺） | 坐 | 律宗 |
| 3 | 奈良縣奈良市西大寺（西大寺） | 坐 | 真言律宗 |
| 4 | 奈良縣奈良市東大寺（東大寺） | 坐 | 華嚴宗 |
| 5 | 奈良縣奈良市（璉城寺） | 坐 | 淨土真宗 |
| 6 | 奈良縣奈良市（靈山寺） | 坐 | 靈山寺真言宗 |
| 7 | 奈良縣橿原市葛本（安樂寺） | 坐 | 淨土宗 |
| 8 | 奈良縣櫻井市粟殿 | 坐 | 天台宗 |
| 9 | 大阪府池田市伏尾町（久安寺） | 坐 | 高野山真言宗 |
| 10 | 大阪府岸和田市久米田（久米田寺） | 坐 | 高野山真言宗 |
| 11 | 大阪府岸和田市（西方寺） | 坐 | 淨土宗 |
| 12 | 大阪府堺市（華林寺） | 坐 | 高野山真言宗 |
| 13 | 大阪府貝塚市水間（水間寺） | 坐 | 天台宗 |
| 14 | 大阪府貝塚市（妙樂寺） | 坐 | |
| 15 | 大阪府泉佐野市長瀧 | 坐 | |
| 16 | 京都府相樂郡加茂町美浪（西光寺） | 坐 | 天台宗 |
| 17 | 京都府熊野郡久美濱町（本願寺） | 立 | 淨土宗 |
| 18 | 京都府龜岡市千歲町（丹波國分寺） | 坐 | 淨土宗 |
| 19 | 滋賀縣伊香郡木之本町古橋（己高閣） | 坐 | |
| 20 | 滋賀縣愛知郡秦莊町（金剛輪寺） | 立 | 天台宗 |
| 21 | 滋賀縣彥根市肥田（長樂寺） | 坐 | 大德寺派 |
| 22 | 兵庫縣伊丹市昆陽（昆陽寺） | 坐 | 高野山真言宗 |
| 23 | 兵庫縣明石市江井崎（長樂寺） | 立 | 天台宗 |
| 24 | 兵庫縣尼崎市豬名寺（豬名寺） | 坐 | 真言宗御室派 |
| 25 | 兵庫縣神戶市北區有馬町（溫泉寺） | 坐 | 黃檗宗 |
| 26 | 兵庫縣加古川市加古川町（鶴林寺） | 坐 | 天台宗 |
| 27 | 和歌山縣橋本市隅田町（護國寺） | 坐 | 真言律宗 |
| 28 | 山口縣防府市國分（周防國分寺） | 坐 | 高野山真言宗 |

| | | | |
|---|---|---|---|
| 29 | 長崎縣北高來郡高來町（和銅寺） | 坐 | 曹洞宗 |
| 30 | 富山縣高岡市伏木一宮（國分寺） | 坐 | 高野山真言宗 |
| 31 | 石川縣江沼郡山中町（醫王寺） | 坐 | 高野山真言宗 |
| 32 | 神奈川縣高座郡寒川町一宮（景觀寺） | 坐 | 天台宗 |
| 33 | 栃木縣足利市大岩町名聞道（最勝寺） | 坐 | 真言宗智山派 |
| 34 | 高知縣高知市五臺山（竹林寺） | 坐 | 真言宗智山派 |
| 35 | 高知縣南國市國分（國分寺） | 坐 | 真言宗智山派 |

像的契機。製作供養行基像，不僅限於圖表中的塑像，行基的畫像同樣傳存於各地的寺院，充分反映出行基的影響力以及後人對行基的懷念。

文殊菩薩不斷拯救一切眾生之苦，行基傳承與文殊菩薩相結合，將行基置於來世引導者的地位，這種信仰今天在日本依然存在。

此外，還有與行基相關的「六阿彌陀巡禮」、「肥前七觀音巡禮」、「駿河七觀音巡禮」等等，恕不一一例舉。

從奈良時代到現代的漫長歲月裡，日本人面對行基時所探求的顯然是信仰的問題，這也是日本人試圖從佛教中尋求的答案。

# 附錄

# 行基菩薩年譜

歲數 — 西元 — 帝號 — 年號

一歲　六六八　天智天皇　天智七年
・出生於河內國大鳥郡。

五歲　六七二　天武天皇　天武元年
・六月，發生壬申之亂。

十五歲　六八二　天武天皇　天武十一年
・出家得度。

十六歲　六八三　天武天皇　天武十二年
・三月，為了統制僧尼任命僧綱（僧正・僧都・律師）。

二十四歲　六九一　持統天皇　持統五年
・由高宮寺的德光受具足戒後，在法興寺學習，熱衷於山林修行。

三十三歲　七〇〇　文武天皇　文武四年

・三月，道昭在法興寺禪院去世。

三十四歲　七〇一　文武天皇　大寶元年

・六月，施行包含「僧尼令」的《大寶令》。

三十七歲　七〇四　文武天皇　慶雲元年

・行基將大鳥郡蜂田的父母家改建為家原寺。

三十八歲　七〇五　文武天皇　慶雲二年

・十月，行基在河內國大鳥郡興建大須惠院。陪伴母親，移居大和國添下郡的佐紀堂。

四十歲　七〇七　文武天皇　慶雲四年

・行基陪伴母親，移居大和國生駒郡的草野仙房。

四十一歲　七〇八　元明天皇　和銅元年

・十月，開始營造平城京。

四十三歲　七一〇　元明天皇　和銅三年

・一月，行基的母親去世。

四十四歲　七一一　元明天皇　和銅四年

・九月，建都的役民相繼逃亡。

四十五歲　七一二　元明天皇　和銅五年

・一月，大量役民在歸途中饑渴倒斃。

・十月，役夫、腳夫在歸途中苦於缺乏食物。

四十九歲　七一六　元正天皇　靈龜二年

・十月，行基在大和國平群郡興建恩光寺。

五十歲　七一七　元正天皇　養老元年

・四月，行基違反「僧尼令」在平城京布教。

五十一歲　七一八　元正天皇　養老二年

・四月，行基在大和國添下郡興建隆福寺。藤原不比等等人撰定《養老律令》。

五十三歲　七二〇　元正天皇　養老四年

・一月，開始向僧尼授與公認文書。行基在河內國河內郡興建石凝院。

**五十四歲**　七二一　元正天皇　養老五年

・右京三條三坊的寺史乙丸，向行基捐獻寓所。

**五十五歲**　七二二　元正天皇　養老六年

・二月，在乙丸捐獻的土地上興建喜光寺（菅原寺）。

・七月，取締在京城的違法僧尼集團，違者送還原籍所在地。

**五十六歲**　七二三　元正天皇　養老七年

・四月，發佈「三世一身法」，獎勵興建灌溉設施以及田地開墾者的子、孫、曾孫三代。

**五十七歲**　七二四　聖武天皇　神龜元年

・二月，聖武天皇即位。行基在和泉監大鳥郡興建清淨土院、清淨尼院。

**五十九歲**　七二六　聖武天皇　神龜三年

・行基在大鳥郡興建檜尾池院。

六十歲　七二七　聖武天皇　神龜四年

・二月，行基在大鳥郡興建大野寺、大野尼寺。

六十二歲　七二九　聖武天皇　天平元年

・二月，長屋王事件。

・八月，立藤原光明子為皇后。

六十三歲　七三〇　聖武天皇　天平二年

・二月，行基在攝津國兔原郡興建船息院、船息尼院。

・九月，在攝津國嶋下郡興建高瀨橋院、高瀨橋尼院。和泉監大鳥郡大日下部首名麻呂等人書寫《瑜伽師地論》。

六十四歲　七三一　聖武天皇　天平三年

・二月，行基在河內國丹比郡興建狹山池院、狹山池尼院。

・三月，在攝津國河邊郡興建崐陽施院。

・八月，准許跟隨行基的年長優婆塞、優婆夷得度。

六十六歲　七三三　聖武天皇　天平五年

・十月，行基在河內國茨田郡興建枚方院。

六十七歲　七三四　聖武天皇　天平六年
・十一月，行基在和泉監泉南郡興建隆池院。

六十八歲　七三五　聖武天皇　天平七年
・三月，玄昉由唐歸國。

七十歲　七三七　聖武天皇　天平九年
・九月，行基在大和國添下郡興建頭陀院、頭陀尼院。

七十一歲　七三八　聖武天皇　天平十年
・此時完成的《大寶令》注釋書《古記》中，作為精進練行的實例，舉出「行基大德」的名字。

七十三歲　七四〇　聖武天皇　天平十二年
・二月，聖武天皇行幸難波宮之際，在河內的智識寺參拜盧舍那佛。
・九月，發生藤原廣嗣之亂。
・十二月，遷都恭仁京。行基在山背國相樂郡興建泉橋院、隆福尼院。

七十四歲　七四一　聖武天皇　天平十三年

·二月，頒佈建立國分寺的敕令。三月，聖武天皇在泉橋院與行基懇談。
·七月，啓動賀世山之東河流（木津川）的架橋工程。
·十月，准許從事架橋工程的七百五十位優婆塞得度。

七十五歲　七四二　聖武天皇　天平十四年

·八月，開始在近江國紫香樂營造離宮，聖武天皇行幸。

七十六歲　七四三　聖武天皇　天平十五年

·五月，頒佈「墾田永年私財法」。
·十月，頒詔營造大佛。在紫香樂宮為營造盧舍那大佛開闢寺地，行基率領弟子化緣。
·十二月，恭仁宮的營造停止。

七十七歲　七四四　聖武天皇　天平十六年

·十一月，在紫香樂宮甲賀寺建大佛的腳架。

七十八歲　七四五　聖武天皇　天平十七年

七十九歲　七四六　聖武天皇　天平十八年

・一月，任命行基為大僧正。四月以後，火災、地震頻發，社會極不安定。
・五月，平城遷都。
・八月，在平城京再次開始營造大佛。
・十一月，玄昉左遷築紫。

八十歲　七四七　聖武天皇　天平十九年

・六月，玄昉去世。
・十月，聖武天皇、光明皇后行幸金鐘寺（後來的東大寺），燃燈供養盧舍那佛。
・九月，開始鑄造東大寺大佛。

八十二歲　七四九　聖武天皇　天平二十一年
・二月二日，行基在菅原寺去世。八日，在生駒山東陵火葬。
・三月二十三日，弟子真成將行基傳記刻入舍利瓶容器上，埋入墓地。
・四月，聖武天皇禮拜東大寺大佛，自稱三寶之奴。
・七月，聖武退位，稱德即位。

# 參考資料（依作者姓名筆劃排序）

千田稔，《天平の僧　行基》，中央公論社。
山田孝雄，《三寶絵略注》，寶文館。
井上薫，《行基》，吉川弘文館。
井上薫編，《行基事典》，國書刊行會。
中井眞孝，《行基と古代仏教》，永田文昌堂。
中井眞孝編，《行基　鑑眞》，吉川弘文館。
中井眞孝，《日本古代の仏教と民衆》，評論社。
米田孝子，《行基説話の生成と展開》，勉誠社。
吉田靖雄，《行基と律令国家》，吉川弘文館。
吉田靖雄，《日本古代の菩薩と民衆》，吉川弘文館。

角田洋子，《行基論》，專修大學大學出版局。
孝本貢 等，《日本における民衆と宗教》，雄山閣。
金達壽，《行基の時代》，朝日新聞社。
泉森皎，《行基と歩く歴史の道》，法藏館。
速水侑編，《行基》，吉川弘文館。
根本誠二，《天平期の僧と仏》，岩田書院。
根本誠二，《行基伝承を歩く》，岩田書院。
根本誠二，《奈良仏教と行基伝承の展開》，雄山閣。
藤野道生，《行基年譜の研究》，柏書房。

國家圖書館出版品預行編目(CIP)資料

行基菩薩：東瀛文殊／金偉編撰 — 初版
臺北市：經典雜誌，慈濟傳播人文志業基金會，2021.04
400 面；15×21 公分 —（高僧傳）
ISBN 978-986-06341-5-0（精裝）
1. 行基 (668~749) 2. 佛教傳記 3. 日本
229.425 110004783

# 行基菩薩——東瀛文殊

創　辦　人／釋證嚴
發　行　人／王端正
平面媒體總監／王志宏

編　撰　者／金　偉
美 術 指 導／邱宇陞
責 任 編 輯／賴志銘
行 政 編 輯／涂慶鐘
插 畫 繪 者／林國新
校 對 志 工／林旭初
排　　　版／尚璟設計整合行銷有限公司
出　版　者／經典雜誌
慈濟傳播人文志業基金會
112019 臺北市北投區立德路 2 號
客 服 專 線／（02）28989991
傳 真 專 線／（02）28989993
劃 撥 帳 號／ 19924552　戶名／經典雜誌
印　　　製／新豪華製版印刷股份有限公司
經　銷　商／聯合發行股份有限公司
231028 新北市新店區寶橋路 235 巷 6 弄 6 號 2 樓
（02）29178022
出 版 日 期／ 2021 年 4 月初版一刷
定　　　價／新臺幣 380 元